엄마,
과학공부는
왜 해?

엄마, 과학 공부는 왜 해?

초판 1쇄 발행 2012년 9월 14일
초판 2쇄 발행 2013년 7월 25일

지은이 김경선
펴낸이 이지은 **펴낸곳** 팜파스
책임편집 박선희
디자인 조성미 **마케팅** 정우룡
인쇄 (주)미광원색사

출판등록 2002년 12월 30일 제 10-2536호
주소 서울시 마포구 서교동 404-26 팜파스빌딩 2층
대표전화 02-335-3681 **팩스** 02-335-3743
홈페이지 www.pampasbook.com | blog.naver.com/pampasbook
이메일 pampas@pampasbook.com

값 10,000원
ISBN 978-89-93195-88-0 (74810)
      978-89-93195-79-8 (세트)

ⓒ 김경선, 2012

· 이 책의 일부 내용을 인용하거나 발췌하려면 반드시 저작권자의 동의를 얻어야 합니다.
· 잘못된 책은 바꿔 드립니다.

과학 공부의 필요성과 재미를 깨우치는 즐거운 생활동화

엄마, 과학공부는 왜 해?

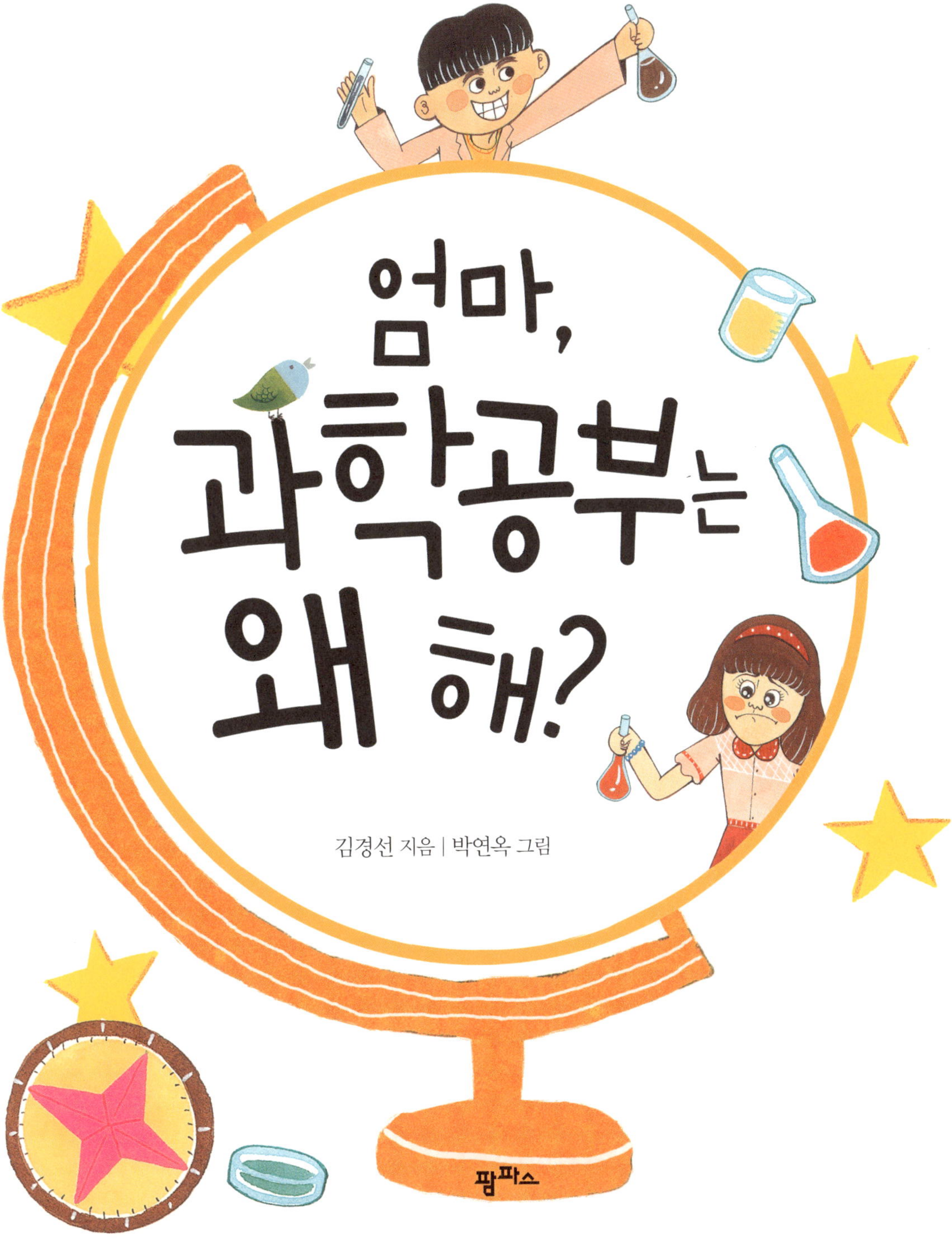

김경선 지음 | 박연옥 그림

팜파스

엄마,
과학 공부는 왜 해?

과학 공부를 왜 하냐고?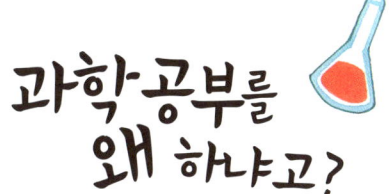

어제는 늦은 밤이었지만 창밖이 밝았습니다. 밖을 내다보니 하늘에 보름달이 휘영청 떠 있었습니다. '아, 언제 저렇게 달이 차올랐을까?' 얼마 전만 해도 눈썹처럼 가는 달을 보았는데 창밖의 달은 통통하게 살이 오른 것처럼 둥글었지요. 문득 상상력이 피어났습니다. 옛 사람들이 말했던 달에 방아를 찧는 토끼가 보일까 싶었지요. 한참을 바라보았습니다. 하지만 제 눈에는 보이지 않았습니다.

우리는 자연의 모습을 자신의 감정에 따라 다양하게 느끼곤 합니다. 우리나라에서는 달에 토끼가 있다고 했지만 페루에서는 두꺼비가 있다고 했고, 유럽에서는 집게발을 든 게가 있다고 했습니다. 그런데 이것은 모두 달의 그림자를 보고 사람들이 상상한 것들입니다. 사실 달의 모양이 변하는 이유는 지구와 달의 움직임 때문이지요.

  이렇게 상상력을 자극하는 달은 지구 주위를 도는 작은 별입니다. 그리고 지구는 태양 주위를 도는 별이고요. 낮에는 해, 밤에는 달이 든든하게 하늘에 자리한다고 생각했는데 실제로 달은 태양보다, 지구보다 아주 작은 별이었던 것이지요. 단지 달은 태양빛 때문에 우리 눈에 보이는 것입니다. 어두운 하늘을 밝히던 둥근 보름달이 갑자기 너무 시시해져 버렸나요? 하지만 거대한 우주 속에서 일어나는 일들을 알고 나면 우주의 먼지보다 작은 우리는 또 다시 겸손해집니다. 이렇게 과학은 알면 알수록, 관찰하면 관찰할수록 다양한 상상력과 생각거리를 던져 줍니다.

  이 책의 주인공 '리아'는 과학을 지겨운 공부라고 생각합니다. 과학을 싫어하는 것으로는 전교 1등감이지요. 책을 쓰면서 리아 또래 친구들과 이야기를 많이 나눠 보았습니다. 왜 과학이 싫으

냐고 했더니 리아처럼 공부가 어렵고 재미가 없다고 하더군요. 실제 생활 속 과학이나 실험은 그래도 흥미로운데 과학 시험을 위한 공부는 어렵기만 하다고요. 시험을 치루기 위해서 하는 공부는 우선 마음에 부담이 될 테니 재미있기가 쉽지 않지요. 더구나 과학 시험을 잘 보려면 해야 할 공부도 많고요. 그런데 그건 오히려 과학 시험을 위한 공부만 해서 생기는 일이 아닐까 합니다. 리아의 친구 준수처럼 과학을 통해 생활 속 어려움을 해결해 보면 어떨까요? 우리 친구 준수와 리아는 과학을 통해서 고민을 해결해 냅니다. 자석의 성질을 이용해 잃어버린 길의 방향을 찾고, 삼투압의 원리로 죽어 가는 식물을 살려냅니다. 그 과정에서 접하게 되는 과학은 결코 어렵지 않습니다.

    우리 주변에는 우리가 미처 깨닫지 못한 과학이 수없이 많이 있습니다. 동생과 시소를 탈 때면 어떻게 하나요? 나는 앞쪽 의자에 앉고 동생은 건너편 의자 중 뒤쪽에 앉습니다. 몸무게가 적게 나가는 동생을 시소의 중심축에서 멀리 앉혀서 무게 중심을 맞추는 겁니다. 엄마가 생수 병에 물을 얼릴 때 어떻게 하나요?

생수 병에 물을 가득 담지 않고 냉동실에 넣습니다. 이것은 물이 얼면 부피가 늘어나기 때문입니다. 많은 사람들이 과학을 싫어하고 잘하지 못한다고 생각하지만 우리는 늘 과학을 생활에 이용하고 있습니다.

 그리고 우리는 과학 공부를 하며 생태계를 배웠습니다. 식물부터 시작되는 먹이 사슬을 보면서 우리는 자연을 보호하는 것이 얼마나 중요한지 깨달을 수 있습니다. 한 예로, 미국에서는 사슴 사냥을 위해 사슴을 잡아먹는 이리, 승냥이 등을 마구 죽였다고 합니다. 그랬더니 사람들이 원하는 대로 사슴의 수가 늘어났지요. 하지만 결국에는 그곳이 황폐하게 변해서 동물도 사람도 살 수 없었습니다. 사슴을 잡아먹는 동물들이 사라지자 사슴들이 마구 늘어나서, 먹잇감인 초원의 풀이 부족해진 것입니다. 보통 사슴들은 한쪽에서 풀을 먹고 다른 쪽으로 이동합니다. 그래서 풀을 먹은 자리에서 다시 풀이 자랄 시간을 주는데 사슴이 너무 많다 보니 풀이 자랄 틈도 없이 다 먹어 치웠던 것이지요. 결국 초원은 황폐해졌고, 풀이 사라지자 사슴도 죽고 말았습니다. 먹이 사슬을 이해하지 못한 사람들이 저지른 크나큰 잘못이었지요.

　우리가 과학을 공부하고 이해해야 하는 이유는 수도 없이 많습니다. 모두 생명과 닿아 있는 소중한 까닭들입니다. 교과서에서만 멈춰 있는 과학은 지겨울 수 있습니다. 교과서에서 배운 과학을 생활에서 이어가고, 마음에 담는다면 과학 공부는 살기 좋은 세상을 만드는 멋진 방법이 될 것입니다. 그럼 이제 리아의 과학 공부 극복기를 함께 살펴볼까요?

김경선

차례

왕 짜증 나!
과학 시험이라니?!
13

그놈의 과학 때문에
엄마가 뿔났다!!
25

탐험반의
별난 남자아이
38

왜 내 꽃이
죽는 거냐구!!
51

리아,
과학 캠프에 가다
62

숲에서
길을 잃어버리다!!
84

과학,
그건 사랑이었어
97

★리아의 기똥찬 과학 공부 생활 수칙★ **107**

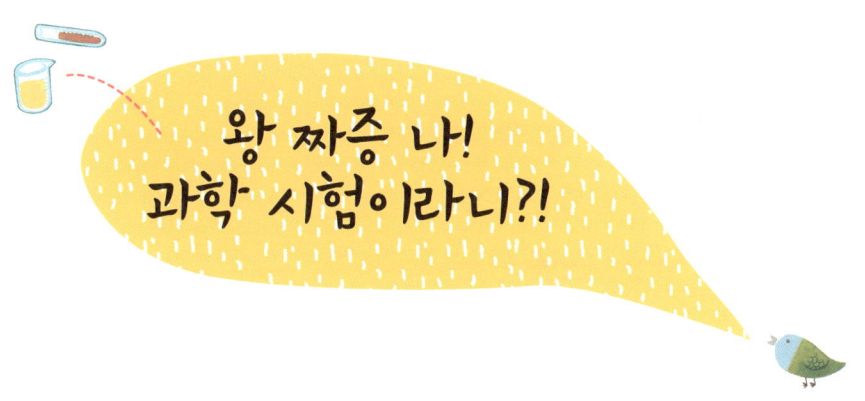

왕 짜증 나!
과학 시험이라니?!

"엄마, 엄마. 나 도시락 수저통을 깜빡하고 그냥 왔어."

"가져다 달라고? 엄마가 지금 나가 봐야 하는데 학교에 있는 수저랑 젓가락 좀 쓰면 안 될까?"

"안 돼. 그거 어제 동빈이가 빌려 썼단 말이야."

"닦아 놨을 거 아냐."

"엄마! 그래도 남자애가 먹던 걸 내가 어떻게 먹어."

"아이, 그럼 선생님께 일회용 수저를 빌려서 먹어. 선생님이 준비해 두시던데."

"그것도 안 돼. 플라스틱 수저랑 나무젓가락이 얼마나 몸에 해로운데."

"리아야, 그냥 한 번만."

아침 약속이 있는 엄마가 거의 사정을 하며 말했다. 하지만 리아는 단호했다.

"엄마! 엄마가 몸에 해롭다고 쓰지 말라고 했잖아! 아무튼 난 그런 거 절대 못 써!"

"아이고, 알았다. 알았어!"

엄마는 결국 포기하고 전화를 끊었다. 반면 리아는 '이제 됐다'는 야무진 표정으로 공중전화 수화기를 내려놓았다.

"으악!"

교실로 서둘러 향하던 리아가 갑자기 비명을 질렀다. 리아의 가늘고 높은 목소리가 복도 천장을 뚫을 듯이 솟았다가 사방으로 퍼져 나갔다. 그 소리가 어찌나 날카로운지 아이들은 놀라서 자기도 모르게 자리에서 일어서고 말았다.

"무슨 일이야?"

"왜 그래?"

비명 소리를 들은 반 아이들이 우르르 복도로 나왔다. 담임 선생님도 무슨 일이 났나 싶어 앞문으로 뛰어나왔다. 그런데 리아가 소리를 지른 이유는 별것이 아니었다. 복도를 급하게 뛰어가던 남학생이 리아를 치고 지나가는 바람에 리아가 넘어져 엉덩방아를 찧었던 것이다. 깜짝 놀란 리아는 넘어지면서 비명을 지르고 말았다.

"아, 놀랐잖아. 아침부터 왜 저렇게 뛰는 거야?"

리아는 벌써 저 멀리 사라진 남자아이를 흘겨보며 투덜댔다.

"리아야, 괜찮아?"

"응, 놀라서 넘어진 거야."

리아는 엉덩이를 툭툭 치며 일어났다. 다행히 심하게 넘어지지는 않았는지 대수롭지 않게 말했다.

"으이그! 네 비명 소리에 더 놀랐어."

"역시 박리아!"

아이들은 별일 아닌 것을 확인하고는 이내 흩어졌다. 리아가 워낙 호들갑스럽게 잘 놀라곤 해서 이해는 했지만 투덜거리는 아이도 있었다. 하지만 리아에게 아이들의 투덜거림은 안중에도 없었다. 언제나 자기감정 외에 복잡하게 생각하기 싫어하는 성격 덕분이다. 깜짝 놀란 것도 잠시, 리아는 곧 콧노래를 부르며 교실 안으로 들어갔다.

그런데 그 발랄한 리아를 피곤하게 만드는 일이 있었다. 그건 바로 과학 시험이다.

"리아야. 오늘 4교시에 과학 시험을 보는 거 알지?"

단짝 친구 재연이가 물었다. 재연이는 리아의 가장 친한 친구다. 서로 꿍짝이 잘 맞는 데다가 2년째 같은 반이라 더없이 가깝다.

"어휴. 그것 때문에 아침부터 기분이 영 아니야. 갑자기 웬 시험? 게다가 과학이라니 너무 싫다."

"나~도. 과학 교과서를 좀 봐. 얼마나 재미없게 생겼냐."

"맞아! 교과서에 징그러운 사진도 엄청 많아. 동물 뼈 사진이며, 곤충들도 나오고. 윽, 정말이지 쳐다보기도 싫어."

"영어랑 수학도 어려운데, 과학 공부까지 대체 왜 하는 거지? 엄마가 대학에 갈 때 정말 중요한 과목이 영어랑 수학이랬어. 근데 과학은 중요하지도 않으면서 수학만큼이나 어렵잖아."

"그래, 맞아. 네 말을 듣고 보니 정말 그렇네. 일부러 어려운 말들만 잔뜩 나와서 헷갈리게 만들고."

리아와 재연이의 한탄은 끝도 없이 이어졌다. 마치 시험 스트레스를 과학 과목을 탓하는 걸로 푸는 것 같았다. 바로 그때 수업 종이 치는 바람에 리아와 재연이의 수다는 거기서 끝이 났다.

드디어 4교시 과학 시험이 시작되었다. 리아는 시험지를 받는 순간부터 머리가 어질어질한 기분이었다. 싫어하는 과목을 공부하는 것도 모자라 시험까지 치러야 할 때면 몸도 마음처럼 불편해지게 마련이다. 리아는 머리가 띵해지고, 몸에 힘이 빠지는 것 같았다. 하지만 그렇다고 해서 학교 시험을 보지 않을 수는 없었다.

"자, 책상 가운데 가림 판을 펴세요."

아이들이 가림 판을 펼치자 선생님께서 시험지를 한 장씩 나눠 주셨다. 가림 판 아래 작은 공간에서 리아는 과학 시험지를 매섭게 노려보았다.

"휴우~."

그리고 긴 숨을 내쉬었다.

'시험 보는 건 정말 지루하지만 피할 수 없잖아? 어디 보자.'

리아는 먼저 시험지에 이름을 정성껏 썼다. 또박또박 예쁘게 이름을 쓰고는 1번 문제에 집중했다. 리아는 마치 과학 시험지와 한판 승부라도 벌이는 기세였다.

'리아야, 시험 문제에서 1번은 언제나 쉽게 나와. 처음에 쉬운 문제부터 나오는 법이거든. 그러니까 1번부터 3번까지 절대 틀리면 안 돼. 알았지?'

리아는 평소 엄마가 했던 말을 떠올리며 천천히 1번 문제를 읽었다.

'다음 중 한 가지 물질로 이루어진 물체를 고르시오.'

시험 문제의 보기에는 너무나 익숙한 물건들이 나와 있었다. 보기에는 자전거, 텔레비전, 나무 도마 등이 있었다. 늘 집에서 보고 쓰는, 흔한 물건들이다. 하지만 리아는 그 물질이 어떻다는 건지, 물체가 어떻다는 건지 알 수가 없었다. 리아의 눈에는 모두 흔히 사용하는 물건일 뿐이었다.

'뭐야, 쉬운 것 같으면서도 무슨 소리를 하는 건지 하나도 모르겠네.'

1번 문제를 열심히 살피던 리아의 얼굴은 점점 일그러졌다.

마치 다 알고 있는 것 같으면서도 막상 답을 고르려면 뭘 골라야 할지 미궁 속에 빠지는 기분이었다. 뭔가를 이뤄내기 위해 한껏 노력했지만 결국 아무것도 해낼 수 없는 상황 말이다.

"안 되겠다. 우선 별표를 해 놓자."

리아는 1번 문제에 별표를 그려 넣었다. 리아는 항상 시험 문제를 모두 풀고 나서 다시 살펴볼 문제에 별 표시를 해 놓곤 했는데 오늘은 1번부터 별표를 한 것이다. 리아는 2번 문제를 읽어 내려갔다. 하지만 2번도, 3번도 리아에게는 1번 문제와 다르지 않았다.

"아이씨, 엄마는 뭐야!"

리아는 저도 모르게 큰 소리로 짜증을 내고 말았다.

"리아야. 왜 그래? 무슨 문제라도 있니?"

선생님이 걱정스런 표정으로 리아에게 다가왔다. 리아는 선생님을 향해 괜찮다는 듯 어색하게 웃어 보였다. 그러고는 속으로 생각했다.

'선생님, 문제는 너무 많아요. 1번부터 20번까지 모두 다 제게는 너무 큰 문제들인걸요. 우리 엄마는 정말이지! 1번부터 3번까지는 쉽다더니 이게 뭐가 쉬워? 엄마를 믿은 내가 바보지.'

리아는 답답한 마음에 괜히 엄마에게 원망스런 생각이 들었다. 다행히 선생님은 어깨를 으쓱 하시고는 다시 교탁으로 가셨다.

"자, 시험지를 모두 내세요."

선생님의 말씀에 아이들은 하나둘씩 가림 판을 치웠다. 마지막까지 과학 문제와 사투를 벌이던 리아도 가림 판을 접었다. 가림 판을 접는 리아의 표정에는 아쉬움이 가득 차 있었다. 시험 문제와 얼마나 씨름을 했는지 얼굴이 붉어져 있었다. 문제가 잘 풀리지 않아 답답함과 괜한 억울함으로 붉게 상기된 것이다. 시험 문제와 사투를 벌인 리아는 지칠 대로 지쳐 있었다.

"야, 내 것도 같이 내 줘!"

리아는 짝꿍 승현이에게 자기 시험지를 불쑥 내밀었다.

"네가 가져다 내."

"에이, 얼른!"

승현이는 입을 삐죽이긴 했지만 리아의 시험지를 순순히 받아들었다. 리아가 승현이에게 무심코 이런 심부름을 부탁할 때마다 승현이는 기분이 나쁘면서도 왠지 거절할 수가 없었다. 승현이는 혹시 리아를 좋아하는 건가 고민해 보기도 했다. 하지만 그런 고민을 할 때 빼고는 리아 생각이 한 번도 나지 않는 걸 봐서 좋아하는 건 아니었다. 결국 이번에도 승현이는 리아의 부탁을 들어주기로 했다. 승현이는 리아의 시험지와 자기 시험지를 함께 교탁 위에 놓았다.

시험이 끝나자 점심시간이 되었다. 리아는 식판을 들고 배식을 기다렸다. 오늘의 배식 당번은 단짝 친구 재연이었다. 재연이는 리아의 식판에 반찬을 듬뿍 담아 주었다.
"아니야, 재연아. 나 조금만 줘."
"왜? 이거 네가 좋아하는 반찬이잖아."
"몰라, 시험 보느라 신경이 쓰였는지 입맛이 없어."
"정말?"
재연이는 반찬을 덜어 내더니 다른 것을 권했다. 하지만 이번에도 리아는 고개를 저었다. 그러자 뒤에서 기다리던 아이들이 한마디씩 했다.
"뭐해, 얼른 받아가."
"음식 앞에서 웬 수다야. 침 튀어."
평소 같으면 발끈했을 텐데, 리아는 과학 시험에 지쳐서 아이들의 말에 대꾸도 않고 교실로 들어갔다.

"리아야, 우리 나가서 놀자."

여자아이들이 리아에게 운동장에 나가 놀자며 팔을 끌었다. 여느 때 같으면 발랄 공주 리아가 먼저 꺼냈을 말이다. 하지만 오늘은 왠지 그러고 싶지 않았다.

"오늘은 그냥 너희끼리 놀아. 미안."

잠시 후, 배식 당번 일을 마친 재연이가 리아에게 왔다.

"왜 여기 있어. 운동장에서 안 놀아?"

"오늘은 그러고 싶지 않아. 과학 시험에 힘이 너무 빠졌나 봐."

"진짜? 아휴, 실은 나도 기운이 없어. 우리 교실에서 이야기하며 놀자."

"그래, 그러자."

아침저녁으로 붙어 다니며 이야기하면서도 리아와 재연이는 만나면 늘 할 얘기가 많았다. 오늘 두 사람의 이야깃거리는 과학 시험이었다.

"야, 웃기지 않니? 물을 끓이면 뜨거워지고 김이 나고, 물을 얼리면 딱딱하고 차가운 얼음이 되는 걸 누가 모르냐? 근데 그걸 액체니, 고체니, 기체니 하며 복잡하게 부르잖아. 과학은 왜 이렇게 사람을 피곤하게 하는지 몰라."

"맞아. 과학은 정말 피곤한 과목이야. 왜 물질을 기껏 섞어 놓고 나서 분리하라고 하는 거야? 물에 소금을 타서 소금물을 만들어 놓고는 또 그걸 분리하래. 정말 이상하지?"

"응, 맞아. 뻔한 걸 어려운 말로 구분하게 하고, 아무 쓸모도 없는 걸 일부러 섞고 분리하고 말이야. 진짜 심보가 못됐어!"

"난 정말 과학이랑 안 맞아. 이렇게 안 맞는데 어떻게 시험을 잘 보겠어."

"맞아, 우리가 과학을 못하는 건 당연해. 그런 심술 맞은 과학을 착한 우리가 어떻게 이해하겠어? 안 그래?"

"그럼! 정말 우리는 착해서 과학이랑 맞지 않나 봐. 하하하."

늘 그렇듯 둘만 있으면 시간 가는 줄 모르고 수다가 이어졌다. 신 나게 이야기하다 보니 엉뚱하게도 과학은 못됐다는 결론이 나왔다. 하지만 그 덕분에 시험 때문에 망친 기분이 풀리는 것 같았다. 리아와 재연이는 과학 시험을 망친 것도 잊고, 두 손을 맞잡고 깔깔거리며 웃었다.

그놈의 과학 때문에 엄마가 뿔났다!!

"리아야, 이거 엄마께 가져다 드리렴."

선생님이 리아를 불러 하얀 봉투를 건네셨다. 리아는 내용이 뭔지 모르는 봉투를 보자 괜스레 불안해졌다. 과학 시험을 망쳐서 더 그런 것 같았다. 더구나 선생님은 다른 아이들은 부르지 않고 승현이와 리아만 불러서 봉투를 주셨다. 승현이가 공부 잘하는 모범생이라면 모르겠는데 우리 반 대표 말썽꾸러기니 더 걱정이 됐다. 봉투에 뭐가 들었을까? 리아는 봉투를 얼른 확인하고 싶었다.

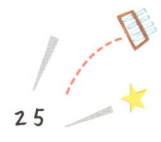

리아는 선생님 앞에서 봉투를 열어 볼 수 없어서 가방을 싸고 교실을 나왔다. 마침 승현이가 봉투 속을 보고 가방에 넣고 있었다. 리아는 재빨리 승현이에게 물었다.

"승현아, 그거 뭐야?"

"뭐?"

"봉투 말이야."

"아, 슈렉 엄마 얘기."

"뭐? 슈렉 엄마?"

리아는 승현이의 뜬금없는 말에 눈이 동그래졌다. 잔뜩 긴장해서 진지하게 물었는데 거기서 갑자기 슈렉이 왜 나온단 말인가? 장난스러운 승현이의 대답에 리아는 승현이를 흘겨보았다. 승현이는 장난기 가득한 얼굴로 나가 버렸다. 하는 수 없이 리아는 학교를 빠져나와서는 한구석에서 봉투를 꺼내 보았다.

"뭐야, 이게 슈렉 엄마야? 히힛."

리아는 안심한 얼굴로 집으로 향했다.

"다녀왔습니다. 엄마, 저 바로 피아노 학원에 갈게요."

집에 온 리아는 가방을 던져두고는 바로 밖으로 뛰어나갔다. 학원 앞에서 재연이를 만나서 같이 가기로 했기 때문이다. 엄마

가방에서 나왔을 때는 이미 리아는 없고 가방만 거실에 놓여 있었다. 엄마는 막 현관문이 닫히는 걸 보고는 겨우 대답만 했다.

"그래, 조심히 다녀와."

엄마는 바닥에 널브러진 가방과 신발주머니를 집어 들었다. 신발주머니는 현관 앞쪽에 걸어 두고, 가방을 열었다. 리아가 집에 오면 엄마가 가장 먼저 하는 일이 가방에서 수저통과 물병을 꺼내는 것과 알림장을 살피는 거다. 엄마는 알림장을 꺼내다가 하얀 봉투를 발견했다. 봉투 겉에는 '박리아 부모님께'라고 쓰여 있었다. 엄마도 리아처럼 봉투를 보니 덜컥 걱정부터 되었다.

'학교에서 무슨 일이 있었나? 이건 무슨 봉투지?'

엄마는 서둘러 봉투를 열었다. 불안함에 한순간도 지체할 수가 없었다.

"아, 이거였구나."

엄마는 종이를 펴 보고 금세 마음이 놓였다. 바로 '녹색 어머니'를 하는 날짜가 표시된 통지문이었다. 학기 초에 리아 엄마는 학부모 봉사 활동으로 녹색 어머니를 신청했다. 녹색 어머니는 아이들의 등굣길을 안전하게 지켜 주는 활동이다. 학교 앞 횡단보도에서 아이들이 길을 건너는 것을 돌보는 일이다. 통지문에

는 일 년 동안 언제 녹색 어머니 활동을 해야 하는지가 표시되어 있었다. 엄마는 봉사 날을 잊지 않기 위해 달력에 꼼꼼하게 표시했다.

"이번 주 금요일에 녹색 어머니를 서야 하네. 잊지 말아야지."

금요일 아침, 리아 엄마는 녹색 어머니 유니폼을 챙겨 입었다. 눈에 잘 뜨이는 노란색 조끼를 입고, 손에는 하얀 장갑을 꼈다. 거기에 엄마 키보다 조금 작은 깃대를 들었다. 조끼 주머니에는 호루라기도 들어 있었다. 리아 엄마는 리아와 아들 태오를 돌보듯 등교하는 아이들을 돌보았다. 봉사를 마치고 녹색 어머니 교실로 들어서려는데 반가운 목소리가 뒤에서 들렸다.

"리아 어머니, 아침부터 고생 많으셨습니다. 감사합니다."

고개를 꾸뻑 숙이며 인사를 하는 사람은 다름 아닌 리아의 담임 선생님이셨다.

"어머, 선생님. 안녕하세요."

리아 엄마도 얼른 인사를 했다. 오랜만에 선생님을 뵈어 반갑기도 했지만 아무 준비도 없이 리아의 담임 선생님을 만나자 엄마는 꽤 당황스러웠다. 게다가 선생님은 어딘가 할 말이 있는 눈치였다. 엄마는 언제나 그렇듯 선생님께 리아의 학교생활을 물었다.

"선생님, 우리 리아는 어떤가요? 학교에서 잘 지내고 있나요?"

"그럼요, 리아는 아주 좋은 학생입니다."

선생님의 대답에 엄마는 한결 마음이 놓였다. 하지만 본론은 지금부터였다.

"어머니, 리아는 친구들과 잘 지내고 매우 착하게 생활하고 있어요. 그런데 과학을 유난히 싫어하더군요. 시험 성적이 조금 떨어지는 거야 큰 문제가 아닌데 한 과목만 너무 싫어하는 태도는 좋지 않은 것 같아요. 앞으로 여러 가지 공부를 해야 할 테니까요."

선생님은 조심스럽게 말을 이었다.

"리아에게 과학의 재미를 느끼게 해 주는 건 어떨까 합니다. 학교에서도 노력하겠지만 집에서도 다양한 경험을 쌓으면 좋을 것 같아요."

"아, 예. 알겠습니다. 선생님."

선생님은 엄마와 잠깐 더 이야기를 나누고 나서 이내 교실로 향했다. 하지만 엄마는 그 자리에 그대로 서 있었다. 선생님의

말은 리아에게 과학의 재미를 느끼게 해 줄 경험이 필요하다는 것이었다. 하지만 엄마의 머릿속에는 '시험 성적이 떨어진다는' 말만 또렷이 남았을 뿐이다.

"으휴, 박리아. 대체 과학 시험을 얼마나 못 봤으면 선생님이 그런 말씀을 하시는 거야."

엄마의 목소리에는 가시가 잔뜩 돋아 있었다. 집으로 돌아가면서도 엄마는 속상함이 좀처럼 가시지 않았다.

"엄마, 다녀왔습니다!"

리아가 발랄한 목소리로 인사를 하며 집으로 들어왔다. 언제나 엄마는 '우리 공주님 왔어~.'하며 반갑게 나와 맞이해 주셨다. 그런데 오늘은 왠지 분위기가 달랐다. 엄마는 팔짱을 끼고 안방에서 터벅터벅 걸어 나왔다.

"리아, 너. 과학 시험을 도대체 얼마나 못 본 거야?"

"아, 맞다. 과학 시험지……."

엄마의 강한 태도에 리아가 말끝을 흐렸다.

"어서 시험지를 꺼내 봐."

리아가 가방을 열어 과학 시험지를 찾으며 말했다.

"근데 엄마, 얘들도 다 못 봤어. 재연이도 나랑 비슷하고……."
"어서 꺼내 놔!"
엄마는 리아의 말을 끝까지 들으려고도 하지 않았다.
"여기요."
리아가 엄마의 성난 기세에 겁이 나 존댓말을 하며 시험지를 내밀었다.
"어이고, 60점?"
"엄마, 재연이도 60점이야. 승현이도 70점 맞았고, 호준이는 45점 맞았대."
"왜 못한 얘들 얘기만 하는 거야. 잘하는 얘들도 많았을 거 아니야!"
엄마는 리아의 변명에 더 화를 냈다. 리아는 아무 말도 못하고 입을 꾹 다문 채 엄마 눈치만 살폈다. 그리고 속으로 생각했다.

'정말 싫다. 과학 시험 때문에 이게 뭐야. 나한테 스트레스 주는 것도 모자라서 이제 엄마까지 무섭게 화를 내고. 우리 엄마는 늘 다정했는데 나한테 이렇게 화를 내다니. 과학 때문에 엄마 사랑마저 없어져 버린 것 같아.'

리아의 속마음을 알 리 없는 엄마는 과학 시험지를 꼼꼼히 살

펴보더니 기가 차다는 듯 말했다.

"점수가 이게 뭐야! 60점이라니."

엄마는 불쑥불쑥 솟아오르는 화를 참으며 한숨을 내쉬었다.

"오늘 담임 선생님을 잠깐 뵈었는데 너 과학 공부 좀 시키라고 하시더라. 내가 얼마나 창피했는지 알아? 얼굴이 아직까지도 화끈거려!"

엄마는 말을 하면서 화가 점점 나는지 다시 목소리가 높아졌다. 그러더니 아빠랑 싸울 때처럼 속사포를 쏟아내듯이 잔소리를 했다. 리아는 처음에는 시험을 못 봐서 미안한 마음이었지만, 엄마의 잔소리가 길어질수록 미안한 마음은 점점 희미해졌다.

"알았어, 알았다고. 더 열심히 할게!"

"뭐야? 너 뭘 잘했다고 말대답이야?"

"그럼, 어떡해. 엄마도 전에 징그럽게 해부를 어떻게 하냐고 말했잖아. 나도 그래! 엄마 닮아서 징그러운 것도 싫고, 과학도 재미없어. 그래서 과학을 못하는 거라고!"

리아는 '엄마 닮아서'에 더욱 힘을 주어 말했다. 리

그놈의 과학 때문에
엄마가 뿔났다!!

아의 말을 듣고 엄마는 아무 말도 하지 못했다. 엄마도 어렸을 때 과학을 좋아하는 편이 아니었고, 평소 자연 다큐멘터리도 잘 보지 않긴 했다. 엄마의 머릿속은 복잡해졌다.

'설마 정말 나를 닮아서? 나 때문에 과학을 못한다고? 그럼 우리 딸을 어떻게 해야 할까?'

하지만 그 고민은 오래 지속되지 못했다. 마침 리아의 동생 태오가 태권도 도장에서 돌아온 것이다. 그런데 태오의 등장이 가히 충격적이었다.

"엄마, 누나! 나 좀 봐."

"헉!"

"허걱!"

태오를 본 리아와 엄마는 소스라치게 놀랐다. 어디가 다쳤는지 태오의 입에 피가 맺혀 있었다. 그리고 손에도 무언가가 들려 있었다. 하지만 태오는 뭐가 그렇게 좋은지 그 모습을 하고도 히죽 웃었다.

"아악! 피!"

리아는 이내 비명을 내질렀다. 태오가 입을 벌리자 피가 더 많이 고여 있었기 때문이다.

"리아야. 소리만 지르지 말고 어서 수건, 아니 물."

엄마는 당황해서 잠시 말을 더듬었다.

"태오야, 괜찮아? 집에 오다 이렇게 된 거니? 아프지 않아?"

태오는 엄마의 많은 질문에 열심히 고개를 끄덕였다. 엄마는 정성스레 태오의 입에 묻은 피를 닦아 주었다. 그러자 태오는 금세 멀쩡해졌다. 달라진 것이 있다면 이 한쪽이 휑해졌다는 것이었다.

"엄마, 내가 이가 흔들린다고 했잖아."

"그래. 그랬지."

"이가 이리저리 흔들리는 게 너무 이상했어. 금방 빠질 것만 같고. 그래서 집에 오는 길에 이를 잡아당겨 봤는데 이렇게 쏙 빠졌어!"

태오는 마치 대단한 일을 해냈다는 듯이 자랑스럽게 말했다.

"와, 우리 태오. 용감하네. 누나도 못하는 걸 해냈네."

엄마는 그런 태오가 사랑스러워 죽겠다는 눈빛으로 엉덩이를 툭툭 두드려 줬다. 옆에 있던 리아는 태오가 칭찬을 받자 입을 삐죽이긴 했지만 별다른 토를 달지 않았다. 리아는 태오 손에 들려 있는 이를 쏙 빼서 화장실로 가져갔다. 그 사이 엄마는 태오

의 이가 빠진 곳에 솜을 넣어 물고 있게 했다.

"야, 이거 귀엽다! 내가 가진다."

화장실에서 태오의 이를 닦아낸 리아가 소리쳤다. 그러고는 냉장고를 열어서 탄산음료를 꺼냈다.

"싫어. 이리 줘."

태오가 냉큼 달라고 소리쳤지만 솜을 물고 있어서 잘 들리지 않았다.

"나 이걸로 실험할 거야. 너도 구경해."

"싫어. 할머니가 이를 뽑으면 지붕에 던져야 한다고 했단 말이야."

리아는 태오의 말을 들은 척하지도 않고 투명한 유리잔에 탄산음료를 부었다. 엄마도 말렸지만 리아는 듣지 않았다. 리아는 탄산음료를 따른 뒤 그 안에 이를 쏙 빠트렸다. 그리고 그 잔을 태오에게 보여 주며 말했다.

"태오야, 잘 봐. 이제 이빨이 어떻게 되는지 말이야."

리아의 말에 뚱하던 태오의 눈이 크게 벌어졌다. 유리잔 안에는 신기한 광경이 펼쳐지고 있었다. 탄산음료에 빠진 이 표면으로 수많은 공기 방울이 맺히는 것 같더니 공기 방울이 뽀글뽀글

올라왔다.

"잘 봐. 탄산음료는 이를 썩게 만들어. 탄산음료에 들어 있는 설탕이랑 탄산이 치아 표면을 부식시킨대. 부식이 무슨 말인지 알아?"

"몰라, 누나."

"이를 썩게 한다고."

"히익!"

"자, 이렇게 며칠 뒀다가 꺼내서 보자. 이가 어떻게 변하는지 말이야."

"우와, 누나 대단하다."

"히히, 저번에 치과에 갔다가 의사 선생님한테 들은 얘기야."

엄마는 금방이라도 싸울 것 같던 남매가 음료 잔을 두고 사이좋게 이야기를 나누자 흐뭇한 미소를 지었다. 바로 그때 엄마의 머릿속으로 멋진 생각이 떠올랐다.

"그래, 그거야!"

탐험반의 별난 남자아이

"그래, 그거야!"

"엄마, 뭐가 그거라는 거야?"

엄마의 외침에 태오와 리아가 엄마를 쳐다봤다.

"좋은 아이디어가 떠올랐어. 리아야, 과학 공부 말이야. 책만 보고 할 게 아니라 직접 실험을 해 보는 거야."

엄마는 벌써부터 희망에 찬 얼굴이었다.

"과학 실험을 한다고?"

하지만 리아의 표정은 엄마와는 정반대로 딱딱하게 굳었다.

'과학이라면 질색인데 과학 실험은 또 뭐야?'

리아는 엄마가 말하는 아이디어가 영 좋아 보이지 않았다.

"전에 승현이 엄마가 말하기를 승현이가 과학 탐험반에서 실험하는 걸 아주 재미있어 한대. 리아야, 너도 그거 해 보자."

"엄마, 그거 한다고 과학 공부를 잘하게 되지는 않아. 승현이도 과학 시험 70점 맞았다고 했잖아."

"너한테 당장 과학 시험을 잘 보라고 하는 거 아니야. 승현이는 과학을 싫어하지 않는대. 아니, 승현이는 과학을 아주 재미있어 한다고 했어. 그렇게 재미있어 하면 나중에는 더 잘하게 되는 거란 말이야."

"과학 실험만 하면 과학이 재미있어지나, 뭐."

리아는 퉁퉁 부은 얼굴로 말대꾸했다. 정말이지 과학 탐험반에 가는 건 반대다.

"방금 너 탄산음료에 이를 넣으면서 재미있어 했잖아. 과학 실험이 그런 거야. 탐험반에 가면 더 다양한 실험을 할 수 있어."

"싫어! 다양하게 한다면 곤충도 보고, 해부도 할 거 아냐. 난 그런 끔찍한 짓은 하기 싫다고."

"왜 그렇게만 생각해. 이번에는 무조건 엄마 말을 들어!"

리아가 강하게 맞섰지만 이번에는 엄마도 물러서지 않았다. 아니, 엄마의 뜻이 훨씬 더 강경해 보였다. 리아는 일부러 발을 쿵쿵거리며 방으로 들어갔다. 괜히 탄산음료로 실험했다는 생각이 들었다. 그 싫은 과학을 학교가 끝나고도 공부해야 한다니. 리아의 얼굴은 울상이 되었다.

며칠 후, 리아는 엄마 손에 이끌려 과학 탐험반 교실로 끌려갔다. 탐험반 선생님은 간단한 주의 사항을 알려 주시고는 리아를 교실로 안내해 주었다. 교실에는 커다란 책상이 놓여 있어서 여러 학생이 둘러앉을 수 있었다. 벽에는 과학과 관련된 사진과 그림이 가득했다. 한쪽에는 실험도구들이 진열된 장식장이 있었다. 갈색 장식장은 꽤 오랜 세월 동안 그 자리에 있었던 듯 안정감 있는 모습이었다. 바로 그때 장식장 한쪽 구석에 있는 박제된 독수리를 보고 리아는 비명을 지르고 말았다.

"아악!"

비명 소리에 교실을 안내해 주셨던 선생님이 다시 들어왔다.

"왜 그러니?"

"저, 저거 뭐예요?"

리아가 한 손으로 눈을 가리고 손가락으로 독수리를 가리켰다. 리아가 가리키는 방향을 살펴보던 선생님은 그제야 안도의 한숨을 내쉬며 말했다.

"박제된 거야. 무서워 말거라."

선생님은 리아의 어깨를 토닥여 주고는 다시 교실을 나갔다.

"치. 무서워 말라고 하면 무섭지 않아지나?"

리아는 혼자 남겨져 더 무서운 기분이 들었다. 울상이 되어 투덜거렸지만 이제 별다른 방법이 없었다. 리아는 꼼짝 없이 탐험반 수업이 시작되기만을 기다려야 했다.

"무서우면서도 자꾸만 저쪽 독수리한테 눈길이 가잖아. 안 되겠다! 뭔가 하나만 정해 놓고 봐야지."

리아는 박제된 독수리를 보지 않기 위해 응시할 물건을 찾았다. 마침 시계추가 왔다 갔다 하는 둥근 시계가 벽에 걸려 있었다.

"저게 좋겠다. 초침이 째깍째깍 움직이는 걸 세어 보지 뭐."

리아는 밤에 잠이 오지 않을 때 양 한 마리, 양 두 마리, 양 세 마리를 세다 보면 시간이 잘 가고 잠도 잘 왔다. 잠잘 때처럼 이번에도 오가는 시계추를 세어 보면 금방 수업 시간이 될 것이다.

한참을 그러고 있는데 문이 열리는 소리가 들렸다. 한눈에 봐도 세련된 멋이라고는 찾아볼 수 없는 남자아이가 들어왔다. 가무잡잡한 피부에 목이 늘어난 듯 헐렁한 티셔츠. 특히 노란색 티셔츠는 까맣게 탄 아이의 얼굴빛을 더 어두워 보이게 했다. 남자아이는 자신에게 가장 잘 어울리지 않는 색깔로 옷을 입은 것을 모르는 눈치였다. 리아는 그 아이의 말도 안 되는 패션 센스에 인상을 찌푸렸다. 리아는 냉큼 다시 시계추를 바라보았다.

"어, 새로 온 친구인가?"

남자아이는 리아를 보고 밝은 목소리로 말을 걸었다. 그런데 그 말투가 리아에게 하는 말인지 혼잣말인지 애매했다. 리아는 일부러 대꾸하지 않고 남자아이의 말을 못 들은 척했다. 짧은 침묵이 흘렀다.

"너도 시계추의 시간을 재고 있니?"

남자아이는 리아가 시계추만 보고 있자 또 다시 말을 걸었다.

"시계추의 시간? 추가 움직여서 시계가 가는 거 아닌가?"

리아는 이번에도 대꾸는 하지 않고, 혼자 중얼거리듯 말했다.

"참 이상하지? 시계추는 빠르게 움직이건 느리게 움직이건 한 번 오가는 데 걸리는 시간이 같으니 말이야."

리아는 남자아이의 말이 잘 이해되지 않았다. 어떻게 빠르게 오갈 때와 느리게 오갈 때 걸리는 시간이 같다는 걸까? 뛰어갈 때와 걸어갈 때 걸리는 시간이 절대 같을 리 없다. 그제야 리아는 의아한 표정이 되어 남자아이를 쳐다보았다. 남자아이는 리아를 보더니 씩 웃으며 말했다.

"너도 과학 교과서에서 봤구나?"

"과학 교과서? 교과서에 이런 이야기가 나와?"

리아는 아이의 말에 처음으로 대답을 했다. 그건 대답이라기보다는 또 다른 물음이었다.

"응, 과학 교과서를 보면 처음에 나와. 동화책처럼 멋진 그림도 그려 있어서 더 흥미롭게 읽었는걸. 교과서에 나오는 과학자는 교회에 갔다가 천장에 달린 등이 흔들리는 것을 보았대. 그러고는 자신의 맥박 횟수를 세어서 등이 움직이는 데 걸리는 시간을 재 보았지. 그다음에 등이 빨리 움직일 때나 천천히 움직일 때나 왜 걸리는 시간이 같은지 고민했지."

리아는 자기도 모르게 남자아이의 말에 귀 기울였다. 남자아이는 마침 책상 위에 있는 추를 짚어서 흔들었다. 둥근 추는 마치 시계추처럼 왔다 갔다 움직였다. 리아의 눈길은 절로 추의 움직임을 따라가고 있었다. 남자아이는 호기심이 가득한 목소리

로 말했다.

"그런데 말이야. 그 과학자가 누군지 아니?"

"누군데?"

"갈릴레오야. 교과서에는 나오지 않았는데 궁금해서 백과사전을 찾아봤더니 갈릴레오가 그랬대. 갈릴레오는 끈에 추를 매달아 추가 빨리 움직이건 느리게 움직이건 같은 시간이 걸린다는 걸 알았어. 추가 무겁든 가볍든 상관없지. 만약 시간 차이를 만들고 싶다면 추를 매단 끈의 길이를 달리하면 돼. 하지만 온 지구에서 추가 움직이는 시간이 같은 건 아니래. 지구에 미치는 중

력이 고지대나 저지대, 적도와 극지방에 따라 다르기 때문이야."

"아, 그런 게 있었구나."

"과학자들은 참 대단해. 갈릴레오가 이걸 발견하고 나니까 크리스티안 호이헨스는 그 내용을 바탕으로 시계를 만든 거야."

"크, 뭐? 크리스티안 호이헨스? 그게 누구야?"

"네덜란드의 과학자야. 두 사람 덕분에 지금 우리가 저 시계를 바라보고 이야기를 나누고 있는 거지."

남자아이는 신이 나서 이야기했다. 리아가 듣기에도 꽤 흥미로운 이야기였다. 과학 교과서에 그런 수수께끼 같은 이야기가 있다니. 왜 난 그걸 보지 못했을까? 한편으로는 교과서를 꼼꼼히 보는 것도 모자라 그 내용을 더 알고 싶어서 백과사전을 찾아보았다는 그 아이가 괴짜처럼 느껴졌다. 겉모습도 리아와는 거리가 멀었지만, 이제 보니 하는 행동까지 너무 다른 아이였다.

그때 탐구반 교실 문이 요란하게 열렸다. 교실로 얼굴을 내민 사람은 다름 아닌 승현이었다.

"하이! 준수!"

승현이는 남자아이를 보고 손을 들어 올리며 인사를 했다. 학교에서도 그러더니 이곳에서도 승현이는 요란했다.

"어이쿠야! 넌 여기 왜 있냐?"

교실로 들어선 승현이가 옆에 있던 리아를 보고는 놀라 넘어지는 시늉을 했다. 리아는 승현이의 장난에 새침해져서는 승현이를 째려보았다.

"야, 야. 그러다 눈에서 레이저 나온다. 그럼 그 순간부터 넌 더 이상 인간이 아닌 거야. 괴물이지. 레이저 괴물. 괴물 되고 싶지 않으면 그만 눈 풀어."

어찌된 영문인지 승현이는 학교에서보다 더 기가 살아서 이야기했다. 아무래도 리아보다는 승현이가 탐험반에 오래 다녔기 때문에 더 여유가 있었다. 아니나 다를까 여느 때 같으면 발끈할 리아도 오늘은 그저 조용히 눈만 흘길 뿐이었다. 승현이는 헤헤 웃으며 리아에게 남자아이를 소개해 주었다.

"리아야, 실은 너 오늘부터 탐험반에 온다고 엄마가 이야기해 주셨어. 탐험반 선배인 이 승현님께서 탐험반의 친구를 소개해 주지. 얘는 탐험반의 히어로 준수야. 과학 짱이니까 앞으로 친하게 지내서. 준수는 과학만 잘하는 게 아니라 착하기까지 하거든. 이 승현님처럼!"

"치, 말도 안 돼. 소개는 필요 없어! 너나 잘해!"

승현이가 부리는 넉살에 리아는 쏘아붙였다.

"아~네, 알겠습니다."

승현이는 리아의 말을 능글거리게 받고는 준수에게 어깨동무하며 자리에 앉았다. 준수는 승현이와 리아가 티격태격하는 모습이 재미있다는 눈치였다.

"어제 할아버지 댁에서는 재미있었어? 너 기대 많이 했잖아."

나란히 앉은 준수가 승현이에게 물었다. 그건 리아도 아는 얘기였다. 승현이는 학교에서도 할아버지 생신이라서 친척들이 모두 모일 거라고 자랑했기 때문이다.

"그게…… 완전 꽝이이야."

"왜?"

"사촌 형들이 아무도 오지 않았어. 오랜만에 형들 만나서 재미있게 놀려고 했는데."

"형들이 왜 안 왔는데?"

"형들이 말이야. 모두 정신을 차렸어."

"정신을 차려?"

"응, 그런 말이 예전부터 있기는 했는데. 초등학교, 중학교 때까지 나랑 잘 놀았던 형들이 고등학교에 들어가더니 정신을 차리고 공부한다는 거야. 작은 형은 밤낮 없이 공부해서 성적도 많이 올렸대. 이제 우리 집안에서 정신 안 차린 사람은 나뿐이야."

"푸하하!"

승현이의 능청스러운 말에 준수가 웃음을 터뜨렸다. 리아도 웃음이 터질 것 같았지만 얘기를 엿듣는 것 같아 입술을 꾹 다물고 참았다.

"그래서 사촌 누나랑 같이 놀았어. 근데 누나가 좀 이상해졌더라."

"뭐가 이상해졌는데?"

"눈이 많이 커졌는데 쌍꺼풀도 진해 보이고. 암튼 얼굴이 많이 달라졌어. 내가 알던 누나 같지가 않았어."

"혹 성형수술?"

"음, 아마도?"

승현이의 할아버지댁 방문기는 사촌 형과 누나에 대한 재미있는 이야기로 이어졌다. 얼마 지나지 않아 몇몇 아이들이 더 교실로 들어왔다. 이윽고 탐험반의 수업이 시작되었다. 오늘 수업은 식물에 대한 것이었다. 탐험반 선생님은 다양한 모양의 나뭇잎들에 대해 설명해 주셨다. 리아의 표정이 점점 뚱해졌다.

'마주나기잎, 어긋나기잎, 돌려나기잎, 무리지어나기잎이라고? 식물이 자유롭게 잎이 나는 걸 굳이 저렇게 구분할 필요가 있는 거야?'

리아는 과학의 까다로운 분류가 괜한 짓이라는 생각이 들었다. 일부러 어렵게 만들려고 하는 공부 같았다.

'있는 그대로 받아들이면 안 되나? 식물들이 자기를 구분해 달라고 한 것도 아닌데 왜 저렇게 나누지 못해 안달이야?'

역시나 탐험반에 와서도 마찬가지였다. 과학에 대한 불만은 줄어들지 않았다. 하지만 그런 리아의 불만은 수업 마지막에 말끔히 풀렸다. 수업이 끝날 즈음 선생님이 예쁜 화분을 나눠 주셨기 때문이다.

"자, 지금 나눠 주는 화분을 잘 키워 보세요. 가장 예쁘게 꽃을 피워 오는 사람에게 선생님이 멋진 상품을 줄 예정이니까."

화분을 받은 리아의 눈빛이 반짝였다. 예쁘게 꾸미고 가꾸는 것이라면 누구보다도 자신이 있는 리아였다. 리아는 작은 화분을 가슴에 꼭 끌어안고 집으로 향했다.

"어우, 짜증 나!"

리아가 베란다에서 씩씩거리며 소리를 쳤다.

"아침부터 왜? 무슨 일이야?"

엄마는 주방에서 고개를 빼꼼히 내밀어 물었다. 아침부터 리아는 왜 베란다에서 화를 내고 있는 걸까?

"얼마나 정성을 들였는데 왜 꽃이 피지 않는 거야. 아니, 꽃은 그렇다 치고 왜 자꾸 시드는 거야?"

리아 앞에는 탐험반에서 받은 화분이 놓여 있다. 화분에 심어

진 화초는 처음 받았을 때보다 키는 더 자랐지만 잎이 누렇게 변해 있었다. 화분을 받아 온 날부터 리아는 예쁜 꽃을 피우기 위해 정성을 다해 화초를 보살폈다. 아침에 물을 주면 화초가 조금씩 자라는 것 같아서 리아는 화초에 물을 더 많이 주었다. 사람처럼 아침, 점심, 저녁 세끼까지는 아니더라도 맨 처음 아침에만 주던 물을 저녁에도 주었던 것이다. 화초의 키가 점점 자라자 리아는 신이 나서 화초에 주는 물의 양도 늘렸다. 리아가 보기에는 당연한 일이었다. 키가 컸으니 먹어야 할 물의 양도 늘어났을 것이 아닌가? 또 용돈으로 화초 영양제도 사서 화분에 꽂아 두었다. 그 정도로 세심하게 돌보았는데, 어쩐 일인지 화초는 점점 색이 누렇게 변하고 있었다.

'뭐야, 왜 이렇게 시드는 거야? 설마 탐험반에서 준 화초라서 나랑 맞지 않는 거야?'

급기야 리아는 과학과 관련된 모든 것이 자기와 맞지 않는 것만 같았다. 화초가 점점 시들자 리아의 마음도 초조해졌다.

"네 화초는 잘 크고 있니?"

학교에 온 리아가 짝꿍 승현이에게 넌지시 물었다.

왜 내 꽃이
죽는 거냐구!!

"물론이지! 무럭무럭 자라고 있어."

"흠……."

리아는 절로 한숨이 나왔다.

"난 불량 화초를 받았나 봐. 잎이 초록색이 아니고 누렇게 되고 있어."

"벌써 단풍이 드는 건가?"

"야! 그게 말이 되냐?"

리아가 승현이에게 버럭 화를 냈다. 가뜩이나 속상한데 승현이의 장난스런 말을 듣자니 참을 수 없었다. 리아가 화를 내자 승현이는 고양이 앞에 쥐처럼 몸을 산뜩 웅크렸다. 승현이의 과장된 행동에 리아는 더 약이 올랐다.

"괜히 탐험반에 가서 이런 스트레스를 받고 있다니까. 화초는 대체 왜 키우라는 거야?"

리아는 속상한 마음에 시끄럽게 투덜거렸다. 그렇게라도 해야 기분이 풀릴 것만 같았다. 리아는 정말 화초를 잘 키우고 싶었다. 시들어 가는 화초를 보는 것이 걱정되고 마음이 아팠다. 리아가 시무룩해지자 승현이도 조금 걱정이 되었는지 장난을 그만두었다. 승현이는 화초가 누렇게 변한 이유를 알아보기 위해 준수네 반으로 찾아갔다.

"준수야, 리아 화초가 벌써 누렇게 변하고 있대. 가을이 오려면 아직 멀었는데 왜 그럴까?"

"음, 그럼 화초가 잘 자라지 않는 거네. 한번 봐야겠다."

준수는 선뜻 화초를 살펴보겠다고 말했다. 승현이는 그 말이 자기 일처럼 반가웠다.

"그래? 그럼 네가 리아 화초 좀 봐줄래?"

준수는 고개를 끄덕였다. 승현이는 바로 리아에게 갔다.

"리아야, 오늘 준수가 네 화초가 왜 누렇게 되는지 봐준대."

승현이는 리아에게 와서 마치 자신이 큰일을 해낸 듯 떠들었다. 그러나 리아는 승현이의 말에 도통 관심이 없었다. 온통 화초 걱정뿐이었다.

"걔가 뭘 안다고 내 화초를 봐줘?"

"준수가 어릴 때 시골에서 살아서 식물에 대해 아는 게 많아. 준수가 집에서 키우는 식물도 아주 많고."

리아는 선뜻 내키지는 않았지만 이대로 두면 화초가 죽어 버릴 것 같아 준수에게 화초를 보이기로 했다.

수업이 모두 끝나고 준수와 승현이, 리아가 만났다. 리아네 집으로 가기 위해 리아가 앞장을 서고, 준수와 승현이가 뒤에서 따라왔다.

"내가 수수께끼 하나 낼까?"

가는 길이 심심했는지 승현이가 문제를 하나 냈다.

"주먹만 한 것이 방을 가득 채우는 게 뭐게?"

"주먹만큼 작은 것이 방을 가득 채운다고?"

"응, 이 주먹만 할 거야."

승현이가 주먹을 쥐어 내밀었다.

"혹시 전구?"

준수가 혹시나 하는 말투로 말했다.

"딩동댕! 맞아! 어떻게 알았어?"

"빛은 아무리 작더라도 방 하나를 가득 채울 수 있으니까. 전구가 아닐까 싶어서."

"역시 과학 짱이라 달라."

승현이의 칭찬에 리아가 입을 삐죽였다. 그러자 승현이가 다시 문제를 냈다.

"아몬드가 죽으면 뭐가 될까?"

"아몬드도 죽냐?"

"어서 맞춰 보기나 해."

그때 리아가 손을 번쩍 들으며 소리쳤다.

"다이아몬드!"

"오호, 딩동댕!"

승현이의 목소리가 경쾌하게 골목을 울려 퍼졌다. 화초 걱정에 침울했던 리아의 마음도 승현이의 밝은 목소리를 들으니 한결 나아지는 것 같았다. 준수도 빙그레 웃으며 열심히 문제를 맞혔다. 리아의 집에 갈 때까지 아이들의 수수께끼 놀이는 계속됐다.

얼마 지나지 않아 리아의 집에 도착했다. 리아는 베란다에 있던 화분을 들고 나왔다. 화분을 받아든 준수는 화분의 흙을 손으로 꼭꼭 짚어 보았다. 흙은 매우 축축했고, 손가락으로 누르자 물기가 살짝 올라왔다.

"안 되겠다. 화분을 가지고 아파트 화단으로 나가야겠어. 작은 부삽이 있으면 함께 가지고 나와."

리아는 준수의 말대로 부삽을 찾아들고 뒤따라 나갔다. 준수는 화단에 쭈그리고 앉아 화초를 잡고 화분의 흙을 화단으로 쏟았다.

"어어!"

리아가 그 모습에 놀랐지만 준수의 행동에는 거침이 없었다.

흙 속에서 모습을 드러낸 화초의 뿌리는 누렇게 변해 있었다. 뿌리가 물에 절다 못해 썩어 들어가고 있었다. 야채를 오래 두면 짓물러지는 것처럼 뿌리가 상해 있었다. 준수는 화분에 다시 흙을 퍼 담았다. 그런 뒤 너무 상한 뿌리는 잘라내고 화초를 화분에 다시 심었다.

"뿌리가 물을 흡수하는 건 삼투압 때문이야. 그런데 지금 이 화분에서는 삼투압이 아니라 역삼투압이 일어났을 거야. 물과 거름을 많이 줘서 문제가 생긴 거야."

"그게 뭔 소리냐?"

리아가 묻기도 전에 승현이가 먼저 물었다. 삼투압은 뭐고, 역삼투압은 무슨 말일까? 리아도 궁금한 표정으로 준수를 쳐다보았다.

"배추를 소금물에 넣으면 절여지잖아. 이게 대표적인 삼투압 현상이야. 소금물은 농도가 높은데 배추 속은 농도가 낮아. 그러면 소금물과 배추 속이 서로 농도를 맞추기 위해 배추 속에 있던 물기가 소금물 속으로 빠져나오지. 소금은 배추 속으로 들어가고 말이야. 이런 걸 바로 삼투압 작용이라고 부르는데 식물의 뿌리에서도 마찬가지야."

"식물 뿌리에서 삼투압이 일어난다고?"

"응, 화분에 물을 주는데 이 물의 농도는 뿌리 세포 속 농도보다는 낮아. 그래서 뿌리가 물을 흡수할 수 있는 거야."

"근데 왜 물을 줘서 문제가 생겼다는 거야?"

"이 화분은 물을 너무 많이 주기도 했고, 거름도 많이 했을 거야. 그치?"

리아는 식물 영양제를 몇 개 사다 꽂아 주었던 일이 떠올라 고개를 끄떡였다.

"그래, 그렇게 되면 뿌리 속 세포 농도보다 흙 속의 농도가 더 높아지게 돼. 그러면 물은 어느 쪽으로 흐르게 될까?"

"반대쪽?"

"그래, 뿌리 속에 있던 물이 밖으로 빠져나가게 돼. 이게 바로 역삼투압이야."

"아, 그런 거였구나. 과학적으로 이해하니까 왜 그런지를 쉽게 알겠네."

승현이는 준수의 설명에 감탄했다. 삼투압과 역삼투압에 대해 알게 되어 매우 놀라워하는 것 같았다. 물론 그것은 리아도 마찬가지였다. 무엇보다 그런 걸 잘 알고 있는 준수가 대단해 보였다. 하지만 리아는 자신의 지나친 욕심이 식물을 괴롭혔다는 것을 인정하고 싶지 않았다. 리아는 입을 삐죽이며 말했다.

"우리 할머니는 삼투압, 역삼투압 같은 거 몰라도 화초를 잘만 키우시더라. 괜히 잘난 척하고 있어."

승현이는 리아의 이런 심술을 익히 보아 왔던 터라 대수롭지 않아 하며 준수의 등을 두드려 주었다. 준수도 승현이의 뜻을 알겠다는 듯 웃었다.

"아무튼 이제부터 화분에 물을 너무 많이 주지 마. 알았지?"

준수가 리아에게 화분을 건네자 승현이가 다짐을 받듯이 말했다. 리아는 그런 승현이를 다시 한번 째려보았다.

"준수야, 이제 우리는 가자."

"그래."

승현이는 준수와 어깨동무를 했다. 준수는 손에 흙을 털며 돌아섰다. 리아는 화분을 들고 그런 준수의 모습을 한참 동안 바라보았다. 입이 달싹거렸지만 차마 입 밖으로 말이 나오지 않았다. 사실 리아는 준수에게 화초를 구해 줘서 고맙다는 말을 하고 싶었다. 하지만 결국 하지 못했다. 승현이와 장난을 치며 걸어가는 준수를 보고 있자니 새삼 준수가 달라 보였다. 촌스럽다고 생각했던 준수가 어딘지 모르게 멋스러워 보였다.

리아, 과학 캠프에 가다

"다음 주말에 과학 캠프가 있어요. 오늘 신청서를 나눠 줄 테니까 다들 부모님과 상의해서 갈 수 있는지 신청서에 써 오도록 하세요."

탐험반 수업이 끝날 즈음 선생님이 과학 캠프 이야기를 꺼내셨다. 아이들은 캠프 이야기에 모두 들떠서 웅성거렸다.

"선생님, 이번에는 어떤 거 해요?"

"망원경으로 별도 보고, 곤충 관찰, 메추리 알 부화 활동을 할 거예요. 음, 아마 엄청 재미있을 거야."

"지난번처럼 탐험반이 아닌 친구도 같이 가도 되나요?"

"음, 과학 캠프는 다양한 경험을 위해 만들어진 거니까 탐험반 아닌 사람도 갈 수 있어요. 친한 친구들이랑 같이 와요."

탐험반 아이들은 과학 캠프 신청서를 한 장씩 받아들고 교실을 나섰다. 하지만 탐험반 활동이 여전히 불만인 리아에게 과학 캠프는 더욱 낯설 뿐이었다. 리아는 다른 아이들처럼 과학 캠프에 간다는 것이 기쁘지도, 흥분되지도 않았다.

"리아야, 너 갈 거지?"

늘 그렇듯 준수와 어깨동무를 한 승현이가 리아에게 물었다.

"글쎄. 난 별론데."

"그래? 너무 재미있어서 안 가면 후회할 텐데."

승현이는 벌써 캠프에 떠나는 것처럼 들떠서 말했다.

"과학 캠프가 열린다고? 그럼, 우리 리아가 빠질 수 없지."

"엄마, 난 별로 가고 싶지 않아."

"왜? 프로그램도 다양하고 좋구먼."

"뭐가 좋아? 별 보는 건 고개 아프고, 곤충은 징그러워. 그리고 메추리를 뭐 하러 부하해? 나랑 무슨 상관있다고."

리아는 신청서를 보고 있는 엄마 옆에서 투덜거렸다.

"해 보지도 않고 무조건 싫다고 하면 어떡해. 이왕 탐험반에 들어갔으니 과학 캠프에 참가해 보는 것도 좋지. 놀러 간다고 생각하면 되잖아. 이참에 과학에 대한 거부감을 없애 보는 거야."

엄마는 왼 주먹을 불끈 쥐어 보이며 말했다. 리아는 고개를 설레설레 저으며 엄마의 왼손을 잡아 내렸다.

"그래도 소용없어. 엄마, 난 과학이 싫어."

"그럼, 이건 어떨까? 여기 친구를 데리고 와도 된다니까 재연이랑 같이 가는 거야. 그냥 놀러 간다 생각하고 다녀와. 그것도 싫어?"

엄마가 다시 리아의 눈치를 살폈다. 리아는 이번에는 단번에 거절하지 않고 엄마를 쳐다봤다. 재연이와 함께 놀고 오라는 엄마의 말은 충분히 매력적인 제안이었다.

"재연이랑?"

"그래! 재연이랑은 늘 수다 떨 시간도 부족하잖아."

엄마는 리아의 맘이 흔들리고 있다는 걸 눈치 채고 더 강한 미끼를 던졌다. 2박3일 동안의 수다? 리아는 상상만 해도 즐거운 시간이었다.

"그럼, 그래 볼까?"

"그래, 그렇게 해. 당장 재연이한테 전화해 봐."

엄마는 단번에 확정 짓기 위해 리아에게 전화기를 쥐어 주었다. 리아는 재연이에게 전화를 걸어 과학 캠프 이야기를 꺼냈다. 단짝인 재연이가 2박 3일 동안의 캠프를 마다할 리 없었다.

"엄마! 재연이가 간대. 나 재연이랑 같이 과학 캠프에 갈게."

리아가 활짝 웃으며 말했다. 엄마의 얼굴에도 환한 웃음이 번졌다. 엄마의 작전이 대성공을 거둔 셈이다.

과학 캠프를 떠나는 날의 아침이 밝았다. 리아는 동화 '빨간 머리 앤'이 쓰는 것 같은 리본 달린 모자를 쓰고, 분홍색 멜빵 반바지를 입었다. 그런 뒤 양쪽으로 레이스 리본이 달린 양말을 신었다. 거울 속에 비친 리아의 모습은 누가 봐도 발랄 공주였다.

"저기, 리아야."

"응? 왜?"

"캠프장이 숲 속에 있던데 옷 색깔이 너무 튀지 않을까? 흙이 묻으면 쉽게 더러워질 것 같기도 하고."

엄마는 잔뜩 멋을 낸 리아가 혹시라도 기분 상하지 않을까 조심스럽게 말을 꺼냈다. 사실 엄마는 리아가 흙바닥에 앉아도 털털 털면 그만인 청바지에 티셔츠를 입었으면 했다. 또 모자도 빛을 잘 가려 주고 땀을 잘 흡수하는 면 모자를 썼으면 싶었다. 캠프 가서 맘껏 뛰놀고 자연을 만끽했으면 하는 바람에서였다. 하지만 늘 예쁜 것을 고집하는 리아가 캠프를 간다고 해서 그런 옷을 고를 리 없었다.

"킥킥. 누나, 캠핑 가는 거 아니었어? 옷이 그게 뭐야?"

눈치 없이 태오가 리아를 보고는 웃음을 터트렸다.

"내 옷이 뭐가 어때서?!"

리아는 눈을 부릅뜨며 태오를 향해 소리를 버럭 질렀다. 감히 내 패션을 지적하다니 말도 안 되었다. 사실 리아도 지금 옷차림이 캠프 복장과 어울리지 않는다고 생각하고 있었다. 그런데 막상 그런 말을 듣고 보니 더 오기가 났다. 꼭 이 옷을 입고 아이들에게 내 패션을 뽐내고 말겠다고 다짐했다.

'어차피 내가 과학 캠프에 열심히 참여할 것도 아닌데 뭐 어때? 난 예쁘지 않으면 기분도 나빠진단 말이야.'

리아는 예쁘게 꾸미고 아름다운 숲 속 길을 거니는 자신의 모습을 상상했다. 절로 미소가 피어났다.

탐험반 캠프를 떠나기 위해 아이들이 한곳에 모였다. 다들 커다란 배낭을 하나씩 메고 신이 난 모습이다. 그중에서 가장 눈에 뜨이는 사람은 단연 리아다. 아이들이 간편한 캠프 복장을 한 것에 비해 리아는 분홍색 옷과 리본 장식이 달린 모자, 알록달록한 캐리어를 들고 있었기 때문이다. 많은 아이들이 힐끔힐끔 리아를 쳐다보았다.

"뭐야, 왜 자꾸 쳐다보는 거야?"

리아는 아이들이 자기를 쳐다보는 것이 불편하고 싫었다. 어서 재연이가 오기만을 기다리고 있었다. 그때 저 멀리서 재연이의 목소리가 들려왔다.

"리아야!"

"재연아!"

리아는 재연이가 이토록 반가울 수 없었다. 재연이는 예쁜 레이스가 달린 흰색 옷을 입고 분홍색 모자를 쓰고 있었다. 그리고 백설 공주 캐릭터가 그려진 캐리어를 끌고 왔다. 과학 캠프와는 너무도 어울리지 않는 복장이었지만 리아와 재연이는 서로 옷차림이 정말 예쁘다며 칭찬을 하기 바빴다. 두 소녀는 서로 반가워 손을 맞잡고 폴짝거리며 기뻐했다.

드디어 캠프로 향하는 버스가 출발을 했다. 리아와 재연이는 버스에 나란히 앉았다.

"재연아, 너 과학 캠프에 가 본 적 있어?"

"아니, 처음이야. 난 과학에 별로 관심이 없잖아."

"맞아, 우리는 그것도 똑같지. 히히."

"그런데 캠프 프로그램이 정말 여러 가지다."

"응. 별도 보고, 메추리 알도 부화해 본대."

"엥? 난 별로 하고 싶지 않은데?"

"나도 그래. 캠프 기간 동안 우리끼리 재미있게 지내자."

"그래, 리아야."

두 소녀는 버스가 캠프장에 도착할 때까지 즐겁게 이야기를 나누었다.

드디어 과학 캠프장에 도착했다. 캠프장은 숲 한가운데 자리하고 있어서 새소리, 풀벌레 소리가 사방에서 들려왔다. 공기는 입 안 가득 숲을 머금고 있는 것처럼 상쾌했다. 차에서 내려 캠프장으로 들어선 아이들은 상쾌한 공기에 자꾸자꾸 숨을 들이마셨다 내셨다. 청량한 풀 냄새를 맡으니 머릿속도 맑아지는 것 같았다.

"먼저 캠프 조를 나누도록 할게요. 자기랑 같은 조인 친구가 누구인지 잘 알아 두세요. 조원들은 6학년 조장의 말도 잘 따르세요. 선생님이 전체적으로 지도하시겠지만 조를 중심으로 수업이 이루어지니까요."

지도 선생님은 참가자 명단을 들고 조별로 아이들의 이름을 부르셨다.

"박리아, 정재연, 김준수, 이승현, 오동준, 하현빈."

리아와 재연이는 서로를 바라보며 씩 웃었다. 캠프에서도 같은 조가 된 것이 기분 좋았다.

"박리아가 누구야?"

그때 6학년으로 보이는 남자아이가 리아를 불렀다. 남자 아이의 손에는 아이들의 이름표가 들려 있었다. 여러 학교의 아이들이 모여 있으니 이름표는 꼭 필요했다. 남자아이의 목에는 하현빈이라는 이름표가 걸려 있었다. 아마 같은 조의 6학년인 듯싶었다.

"아, 저예요."

리아가 남자 아이의 이름표를 확인하고 손을 들었다. 리아를 보고 남자아이는 싱긋 웃으며 말했다.

"난 우리 조의 조장 하현빈이야. 캠프 기간 동안 잘 지내자."

현빈 오빠는 재연이와 준수, 승현이에게도 이름표를 나눠 주었다. 현빈 오빠가 이름표를 다 나눠 주더니 리아를 쳐다보았다.

"넌 과학을 꽤 잘하겠다. 그치?"

"네?"

리아는 갑자기 현빈 오빠가 무슨 말을 하는 것인지 어리둥절했다.

"네 이름을 보니까 과학 중에서도 특히 생물을 잘할 거 같아."

"리아가 생물을 잘할 거라고요?"

승현이가 궁금한 마음을 참지 못하고 나서서 물었다.

"박리아, 박테리아. 비슷하잖아."

현빈 오빠는 장난스러운 얼굴로 이야기했다. 아이들은 현빈 오빠의 말에 모두 배꼽을 잡고 웃었다. 리아만 빼고 말이다. 뿌루퉁한 리아의 표정에 미안해진 현빈 오빠가 아이들을 말리려는 그때, 6학년 동준 오빠가 나타났다. 동준 오빠가 선생님이 조장들을 부른다고 말하자 현빈 오빠는 동준 오빠를 따라 급하게 선생님께 갔다. 남은 아이들은 여전히 '박리아와 박테리아'를 비교해 이야기하며 즐거워하고 있었다. 특히 승현이의 웃음소리가 제일 컸다.

"아하하하. 박테리아에서 한 글자만 빼면 박리아네."

"치, 그만해! 하나도 재미없거든?"

리아는 승현이를 흘겨보고는 상대하기 싫은 마음에 숙소로 향했다.

"너무해. 박테리아가 뭐야! 박테리아가!"

평소 리아란 이름이 공주 같아서 매우 예쁘다고 생각했는데 오늘만은 아니었다. 물론 리아는 현빈 오빠가 자기와 친하게 지내고 싶어서 장난스럽게 말한 거란 걸 알고 있다. 아마 자기 이름만 아니었으면 리아도 실컷 웃어 댔을 것이다. 문제는 이번에 그 당사자가 리아 자신이라는 것이다. 리아는 역시 과학 캠프에 오는 게 아니었다는 생각이 들었다.

숙소에 가방을 풀고 나니 어느새 점심을 먹을 시간이 훌쩍 넘어 있었다. 아이들은 모두 모여 식당으로 가서 점심 식사를 했다. 잠시 휴식 시간을 보내고 나면 과학 캠프의 첫 번째 프로그램인 천문학 수업이 시작될 것이다.

"와, 이번 수업은 꽤 길다. 태양과 달, 별에 대해 배우고, 망원경으로 천체 관찰도 하네?"

"그래? 에이, 재미없겠다."

리아는 과학 수업 시간이 길다는 것만으로도 벌써부터 지루해지는 것 같았다. 호기심에 들뜬 승현이와 달리 리아는 과학 수업이 하나도 기대되지 않았다.

"태양은 스스로 빛과 열을 내는 항성이에요. 항성은 한자리에 머물러 있지요. 항성 주위를 도는 별을 행성이라고 해요. 우리가 사는 지구가 바로 태양의 행성이지요. 그럼 달은 뭘까요? 행성인 지구의 주위를 도는 별을 위성이라 해요. 그러니까 달은 지구의 위성이에요. 사람들이 인공위성을 쏘아 올렸다고 말하는데 이건 사람이 만든 위성을 말해요. 인공위성은 달처럼 지구 주위를 돌고 있지요."

천문학 수업은 우주에 대한 이야기로 시작되었다. 선생님은 태양 주위의 행성들과 행성 주위에 있는 위성이 있는 그림을 보며 항성, 행성, 위성에 대해 설명해 주셨다. 재연이는 사진을 보고 매우 감탄했다.

"정말 크다. 저렇게 한꺼번에 보니까 우주는 엄청 넓은 것 같아. 저기에 얼마나 많은 별들이 있을까?"

예상과 달리 재연이는 천문학 수업이 꽤 재미있는 눈치였다. 열심히 고개를 끄덕이며 수업을 듣고 있었다. 리아는 그런 재연이가 좀 낯설었다. 과학이라면 질색이라더니 지금은 다양한 별과 행성 사진에 홀딱 빠져 있는 것 같았다. 이번에는 늘 궁금한 게 많은 승현이가 손을 들었다.

"선생님, 별똥별은 뭐예요?"

"우주에는 수많은 먼지가 있어요. 별똥별은 그 먼지랍니다. 그런데 그 먼지가 우리가 아는 먼지처럼 작을까요?"

"아니요!"

"맞아요. 우주 먼지는 아주 거대해요. 하지만 우주에서는 먼지처럼 작을 뿐이지요. 별에는 잡아당기는 힘이 있는데, 이 먼지가 떠다니다가 잡아당기는 힘이 센 별의 옆을 지나가게 되면 그 별 속으로 쏙 빨려 들지요. 지구에 별똥별이 떨어지는 것도 바로 이런 경우예요."

"그러면 선생님, 별똥별이 떨어지는 걸 보고 소원을 빌면 정말 이루어지나요?"

승현이의 질문은 계속 이어졌다.

"글쎄, 선생님은 소원이 이루어졌는데 다른 사람은 어떨지 모르겠네요. 근데 그건 왜?"

"선생님 소원이 이루어졌다고요? 저도 전에 별똥별을 보고 소원을 빌었는데 사실 그게 별똥별이 아니라 밤하늘을 날아가는 비행기였어요. 비행기 꼬리에서 반짝거리는 불빛을 보고 별똥별인줄 알고 열심히 소원을 빌었으니 다 헛수고였지요, 뭐."

"승현이는 무슨 소원을 빌었는데?"

"늘 백 점만 맞게 해 달라고 했어요. 근데 진짜 별똥별이 아니어서 소원이 이루어지지 않았어요. 그게 진짜 별똥별이었으면 우리 엄마가 덜 속상했을 텐데."

승현이의 말에 아이들은 모두 웃음을 터뜨렸다. 그리고 승현이처럼 어서 별똥별을 보고 소원을 빌고 싶다고 생각했다. 그렇게 과학 수업이 끝나고 본격적으로 별을 망원경으로 관찰하는 시간이 되었다.

"자, 한 사람씩 나와서 보세요. 지금 보는 것은 달이에요. 옛날에는 달에 토끼가 살고 있다고 했는데 실제는 어떤가요?"

"달에 크고 작은 동그라미가 있어요."

"그건 별똥별과 부딪혀서 생긴 흔적들이에요."

아이들은 늘 보던 달인데도 매우 새로웠다.

"이번에는 목성을 볼 거예요. 400년 전 갈릴레오는 자신이 직접 망원경을 만들어서 목성을 관찰했다고 해요. 여러분도 한번 보세요."

아이들은 줄을 서서 모두 한 번씩 망원경으로 목성을 보았다.

"와, 갈릴레오가 400년 전에 본 목성을 내가 지금 보고 있는 거네. 정말 신기하다."

재연이는 실제로 별을 보자 더욱 신이 난 것 같았다. 리아는 그런 재연이가 신경 쓰여서 자꾸만 쳐다보았다.

"재연아, 뭐가 그렇게 좋니?"

"리아야, 신기하지 않아? 옛날 사람들이 수백 년 전에 봤던 걸 우리도 지금 똑같이 보고 있는 거잖아. 내가 지금 갈릴레오랑 같은 생각을 하는 것 같아서 신기해."

리아는 할 말을 잊었다. 평소 과학이 지루하다고 툴툴대던 재연이가 맞나 싶었다. 리아는 재연이에게 왠지 모를 거리감이 들었다. 재연이는 리아의 기분과는 상관없이 캠프 체험에 흠뻑 빠진 모습이었다.

일찍 해가 진 숲 속의 캠프장은 별을 보기에는 안성맞춤이었다. 밤이 되면 네온사인이며 수많은 조명이 가득해지는 도시에

서는 별을 보는 일이 거의 불가능하다. 보름달이 떠도 별을 보기 힘들다고 하니 깊은 숲 속이 아니면 별 보기가 쉽지 않다. 아이들은 고개가 꺾어지도록 하늘을 바라보았다. 재연이도 마치 가슴에 별을 담아 두기라도 하려는 듯 열심히 관찰했다. 과학에는 관심 없다던 재연이가 이토록 과학 수업에 집중하다니, 리아는 왠지 모르게 기분이 가라앉았다.

다음날 아침, 리아는 일찌감치 눈을 떴다. 캠프 첫날이 정신없이 지나갔지만 집을 떠나와서인지 금방 눈이 떠졌다. 그건 다른 아이들도 마찬가지였다. 리아와 재연이는 아이들 소리가 나는 바깥으로 나갔다. 준수와 승현이는 벌써 나와 있었다.

"준수야, 우리 물수제비뜨러 가자."

"물수제비? 그게 뭐야?"

승현이의 말에 재연이가 다시 물었다.

"가 보면 알아. 준수가 물수제비를 정말 잘 뜨거든. 너희도 냇가에 같이 가자."

승현이의 말에 리아와 재연이도 따라 나섰다.

냇가까지 가는 길에는 여러 가지 풀과 나무가 어우러져 있었다. 아이들은 소풍 가는 기분으로 천천히 걸었다. 그때 리아의 눈이 크게 뜨였다.

"와, 저 나뭇잎 좀 봐. 정말 예쁘다."

나뭇잎의 모양이 마치 하트 같았다. 귀여운 나뭇잎을 보자 리아는 더 자세히 보려고 냉큼 나무 앞으로 달려갔다.

"정말 나뭇잎 모양이 하트 모양이야."

"그래, 이 나무는 하트 나무인가 봐!"

리아와 재연이는 나뭇잎을 만져 보려고 까치발을 했다.

"그 나무 이름은 계수나무야."

뒤따라온 준수가 친절하게 말해 주었다.

"계수나무? 동요에 나오는 그 계수나무?"

"맞아. 그 계수나무가 바로 너희가 말하는 하트 나무야."

리아는 어릴 때부터 불렀던 동요 속 계수나무를 이렇게 만난 것이 신기하고 반가웠다. 아이들은 그때부터 동요를 부르며 걸었다.

"푸른 하늘 은하수 하얀 쪽배에~. 계수나무 한 나무, 토끼 한 마리. 돛대도 아니 달고."

아이들의 노래 소리는 숲 속 아침 공기만큼 상쾌했다.

"얘들아, 이거 가질래?"

이번에는 승현이가 뭔가 꼼지락거리더니 꽃반지 하나를 내밀었다.

"우와, 예쁘다!"

리아와 재연이가 동시에 소리쳤다. 승현이는 여자아이들의 탄성에 어깨가 으쓱해졌다.

"이 꽃 참 예쁘다. 무슨 꽃이야?"

리아도 승현이처럼 자연스럽게 준수에게 물었다. 꽃과 풀에 대해서는 준수가 박사나 다름없었다.

"그건 클로버 꽃이야. 클로버 꽃으로 반지도 만들고, 더 많이 연결해서 목걸이도 만들어."

준수는 이번에도 친절하게 대답해 주었다. 리아는 승현이의 꽃반지를 받아들었다. 예쁜 꽃반지를 손가락에 끼어 보니 기분이 절로 좋아졌다. 준수는 냇가를 향해 가면서도 길에 보이는 들꽃의 이름을 모두 알려 주었다. 리아는 모두 비슷해 보이는 꽃들이 저마다 어엿한 이름을 갖고 있다는 것이 매우 놀라웠다. 준수는 꽃만이 아니라 길가에 난 나물도 알려 주었다. 준수의 설명을 들으니 산길이 매우 새롭게 보이는 것 같았다.

"와, 여기에 냇물이 있었네?"

냇가에 도착한 아이들은 탄성을 질렀다. 유유히 흐르는 물줄기가 시원해 보였다.

승현이와 준수는 물수제비를 하겠다며 돌을 주워 들었다. 승현이가 먼저 돌을 던졌다.

"통, 통!"

돌멩이는 물 위로 통통 두 번 튀더니 물속으로 쏙 빠져 버렸다. 다음으로 준수가 돌멩이를 던졌다.

"통통통, 통, 통!"

돌멩이는 날쌔게 물 위를 날며 다섯 번이나 물 위에서 튀더니 물속으로 들어갔다.

"아, 이게 물수제비구나. 전에 텔레비전에서 본 적이 있어."

리아와 재연이는 준수의 물수제비가 매우 신기했다.

"준수야, 어떻게 하는 거야?"

"이건 물의 표면 장력을 이용해서 던지는 거야. 물의 표면에도 그 모습을 유지하려는 힘이 있거든. 먼저 좀 넓적한 돌을 골라서 옆으로 던지는 느낌으로 던져. 그러면 돌의 평편한 부분이 물 표면을 맞고 튀어 올라 물수제비가 되는 거야. 물 표면의 장력 때문에 돌이 튕기는 거지."

"정말? 물에 그런 힘도 있단 말이야?"

재연이는 눈을 동그랗게 뜨며 준수의 이야기에 귀 기울였다. 어젯밤에 별을 보는 재미에 쏙 빠지고 나서 재연이는 캠프에서 겪는 모든 일들에 부쩍 흥미를 느끼고 있었다. 리아는 재연이만큼은 아니었지만 준수의 이야기를 나름 재미있게 듣고 있었다. 풀과 나무에 대해 마치 척척박사처럼 모두 알려 주는 준수가 신

기했다. 게다가 물수제비까지 잘 뜨고, 그걸 과학적으로 설명해 주는 것도 대단해 보였다. 예전에 집에 와서 죽어 가던 화초를 살려 주었을 때처럼 말이다.

'정말…… 과학이 그렇게나 재미있나?'

리아는 점점 준수가 촌스럽고 재미없는 아이가 아닌 것 같다는 생각이 들었다.

숲에서 길을 잃어버리다!!

오후에는 생태 수업이 시작되었다. 선생님은 숲에 사는 곤충의 표본을 들고 숲길을 걸어가며 설명하셨다. 숲 한가운데 이르러서는 둥그렇게 모여서 곤충 표본을 보았다.

"여러분이 보는 건 곤충 표본이에요. 이 숲에 사는 곤충들이지요. 곤충 표본은 죽은 곤충으로 만들어요. 곤충을 실제로 관찰하기 힘들 때를 위해 만들지요. 동물은 박제라고 하고 곤충은 표본이라고 해요."

아이들은 표본으로 보는 곤충을 어제 숲에서도 보았다며 신기해했다. 아이들의 호기심 어린 반응에 선생님은 빙그레 웃으며 아이들에게 퀴즈를 하나 내셨다.

"이 중에 곤충이 아닌 것이 있는데 아는 사람?"

아이들은 선뜻 대답하지 못했다. 선생님은 잠시 아이들의 대답을 기다린 다음에 거미 표본을 내밀었다.

"거미는 과학적 분류에 따르면 곤충이 아니에요."

아이들은 새롭게 알게 된 사실에 매우 놀라워했다. 선생님은 뒤이어 거미줄을 이용해 방탄복을 만든다는 이야기까지 해 주셨다. 얇디얇은 거미줄로 어떻게 방탄복을 만들 수 있을까. 과학 캠프의 나날은 놀라움의 연속이었다. 그런데 그 순간 리아는 다른 것에 정신이 팔려 있었다. 아까부터 작은 지저귐이 들려왔기 때문이다. 마치 숲에서 무언가가 리아에게 자꾸 말을 거는 것만 같았다. 그건 바로 작은 새였다.

"와, 너무 귀엽다!"

리아가 새를 쳐다보자 새는 리아에게 마치 대답하듯이 지저귀기 시작했다. 앙증맞은 날개를 움직이며 지저귀는 새가 무척 예뻤다. 게다가 지저귐은 노래 소리처럼 듣기 좋았다. 리아는 작은 새를 보자 얼굴이 활짝 펴졌다. 나뭇가지에 앉아 있던 새는 리아의 반가운 마음을 알기라도 한 것인지 리아 머리 위를 날아 그 옆으로 슬며시 내려앉았다. 그리고 통통 뛰며 바닥을 왔다 갔다 하면서 리아 주위를 맴돌았다.

'나한테 할 말이 있는 거 같아. 정말 작고 귀엽다. 따뜻하게 품어 주고 싶어.'

작은 새는 마치 리아에게 같이 놀자고 부르는 것 같았다. 리아는 용기를 내어 새 쪽으로 한 발자국, 두 발자국 걸음을 내딛었다. 작은 새는 리아를 불러내듯이 멀리 달아나지 않고 조금씩 멀어지며 움직였다.

'이쪽으로 오라고? 너랑 같이 놀자고?'

조심스레 새를 쫓아오던 리아는 어느새 아이들의 무리를 빠져나와 홀로 떨어져 있었다. 그때 새가 폴짝 날아오르더니 오솔길로 날아가 버렸다. 리아는 깜짝 놀라 새를 따라 오솔길로 뛰어 들어갔다.

"어, 이상하다?"

수업을 듣던 준수는 리아가 보이지 않는 걸 눈치 챘다. 준수는 고개를 들어 이리저리 주변을 살폈다. 그때 작은 새가 날아가는 것과 동시에 리아가 숲 쪽으로 뛰어가는 모습이 보였다. 준수는 리아를 놓칠까 봐 얼른 리아가 달려간 오솔길로 뒤따라갔다.

"어디로 간 거지? 바로 따라왔는데."

리아의 모습은 보이지 않았다. 어쩌면 이미 멀리까지 가 버렸을지 모를 일이다.

"이러다가 리아 혼자 길을 잃을지도 몰라."

준수는 리아와 더 멀어지기 전에 따라잡기 위해 숲길을 다급하게 뛰어갔다. 하지만 한참을 뛰어가도 리아는 보이지 않았다. 어느덧 준수 앞에는 두 갈래 길이 나왔다.

"리아는 어느 길로 갔을까?"

준수는 길 앞에 서서 어느 쪽으로 가야 할지 몰라 망설였다. 그때 왼쪽 길에서 뭔가 부스럭거리는 소리가 들렸다.

"리아야, 거기 있니?"

준수는 소리를 따라 뛰어갔다. 하지만 한참을 가서도 리아는 보이지 않았다.

"길을 잘못 들어선 것 같아."

준수는 다시 되돌아가야겠다고 생각했다. 그런데 되돌아오면서 보니 준수가 뛰어갔던 길에는 크고 작은 샛길이 여럿 있었다.

"너무 급하게 뛰다 보니 이런 갈래 길을 모두 지나쳤나 봐."

준수는 여러 갈래 길을 보자 리아가 어떤 길로 갔을지 더욱 알 수 없어졌다. 준수는 혹시라도 리아가 길을 잃었을까 봐 걱정되었다. 준수는 리아를 찾아 한참 동안 숲길을 헤매고 다녔다. 그러자 이젠 자신이 온 길이 맞는지조차 헷갈리고 말았다.

"준, 준수야!"

바로 그때 뒤편에서 갑자기 리아의 목소리가 들려왔다. 준수는 리아를 보자 안심이 되어 자기도 모르게 한숨을 내쉬었다.

"리아야? 너 어디 있었어?"

"몰라. 숲길을 한참 헤매고 다닌 것 같아. 나 아주 예쁜 새를 만났거든."

리아는 아직도 작은 새에 마음이 빼앗겨서 천진한 얼굴로 말했다. 준수는 반가운 마음도 잠시 다급한 표정으로 말했다.

"우리 어서 돌아가야지. 리아야, 너 돌아가는 길을 알겠어?"

이미 길을 잃은 준수가 리아에게 물었다.

"이쪽으로 가면 될 걸?"

리아는 당연하다는 듯이 대답했다. 리아가 앞장을 서고 준수가 뒤를 따랐다. 하지만 리아는 좀처럼 길을 찾지 못했다. 이쪽 길로 갔다가 저쪽 길로 가기를 되풀이했다. 한참 동안 길을 가던 리아가 갑자기 우뚝 멈춰섰다.

"준수야, 여기가 어디니?"

리아의 목소리에는 조금 전과 달리 떨림이 묻어났다. 손쉽게 찾을 수 있을 것 같던 길이 아무리 다녀도 보이지 않았다. 이리저리 둘러봐도 캠프장이 나오지 않자 리아는 두려움에 휩싸였다.

리아와 준수는 더 가지 못하고 주위를 둘러보았다. 사방으로 길이 뚫려 있었고, 여름으로 접어들면서 부쩍 울창해진 숲은 어디가 어딘지 알아볼 수 없었다. 이럴 때 가장 절실한 건 휴대폰이었다. 하지만 캠프가 시작되면서 모두 가지고 있던 휴대폰이며 게임기를 선생님에게 맡겼다.

"준수야, 우리 어떻게 하지?"

"그러게. 날까지 흐려지는 것이 비라도 오면 큰일인데."

준수가 걱정스러운 얼굴로 하늘을 올려 보며 말했다. 조금 전까지 화창했던 하늘은 우중충하게 변하고 있었다. 리아는 날씨까지 흐려지자 두려운 마음이 더 커졌다.

"준수야, 어떻게 좀 해 봐."

숲에서
길을 잃어버리다!!

리아는 항상 듬직했던 준수에 대한 마음을 숨기지 않고 말했다. 하지만 이번에는 준수도 뭐라 답해 줄 수 없었다. 준수 역시 무섭기는 마찬가지였지만, 길을 찾아 나갈 방법을 침착하게 생각했다. 그 사이 리아는 무서운 생각이 스멀스멀 나서 눈물이 나려고 했다. 하지만 눈물이 주르륵 떨어져 내리면 정말 무서운 일이 일어날 것 같아서 안간힘을 쓰며 참고 있었다.

"준, 준수야! 나한테 캠프장 안내도가 있는데 말이야."

리아는 목소리가 떨려 오는 것을 간신히 참으며 주머니에 있는 안내도를 꺼냈다. 리아는 놀이동산을 가든, 영화관을 가든, 안내도를 항상 가져오는 버릇이 있다. 이번에도 캠프장에 도착하자마자 캠프장 안내도를 하나 챙겨서 주머니에 넣어 두었던 것이다.

"안내도?"

안내도를 본 준수의 눈이 동그래졌다.

"그래, 이거야!"

준수의 목소리가 갑자기 커졌다. 리아는 그런 준수를 따라 덩달아 눈이 동그래졌다.

"뭐가, 뭐가? 뭔데?"

뭔가 알아냈다는 준수의 말에 리아도 흥분해서 물었다.

"안내도에는 방위도가 있어. 이걸로 찾아가면 되겠어."

준수의 말대로 안내도 한쪽 끝에는 동서남북을 가리키는 방위가 표시되어 있었다. 뭐가 뭔지 모르겠지만 일단 리아는 안심이 되었다. 준수가 뭔가 방법을 찾아낸 것 같았기 때문이다. 맨 처음 안내도를 집어 올 때만 해도 이렇게 쓰일 줄은 상상도 하지 못했다.

기쁨도 잠시 준수의 표정은 다시 골똘해졌다. 이걸로 문제가 다 해결된 건 아니었다. 다음 문제는 동서남북 방향을 찾아내는 것이었다.

"나침반이 있어야 하는데……."

준수는 주머니에서 자석을 하나 꺼내며 중얼거렸다. 리아는 그런 준수의 행동을 유심히 살폈다. 준수에게 이 상황을 벗어날 실마리가 있다고 믿고 싶었다.

"리아야. 미안한데, 너 가지고 있는 물건 좀 모두 꺼내 볼래?"

리아는 냉큼 주머니를 탈탈 털어 물건들을 꺼냈다. 사탕 껍질 비닐과 머리끈이 나왔다.

"이걸로는 안 되는데."

준수는 이번에는 리아를 요리조리 살폈다.

"리아야. 머리에 꽂은 실핀 좀 빼 줄 수 있니? 그리고 목걸이 끈 좀 써도 될까?"

리아는 머리카락이 흘러내리지 않게 얇은 실핀을 꽂고 있었다. 그리고 목에는 핑크색 줄에 하트 모양 펜던트가 달린 목걸이를 하고 있었다. 리아는 서슴없이 핀과 목걸이를 준수에게 주었다. 준수는 실핀을 자석에 문지르더니 실핀의 한가운데를 목걸이 줄로 묶었다. 그리고 줄의 끝을 잡고는 움직이는 실핀이 멈춰서기를 기다렸다.

"준수야, 지금 뭐하는 거야?"

"우린 지금 나침반을 만든 거야. 실핀을 자석에 문질러서 자석으로 만들고 그걸 가는 실에 묶어 두면 실핀은 남북을 가리키게 되거든."

"이게 나침반이라구?"

"응. 조금만 기다려 봐."

준수는 몸을 움직일까 봐 조심스럽게 이야기했다. 리아도 덩달아 숨을 죽이고 가만히 옆에서 실핀

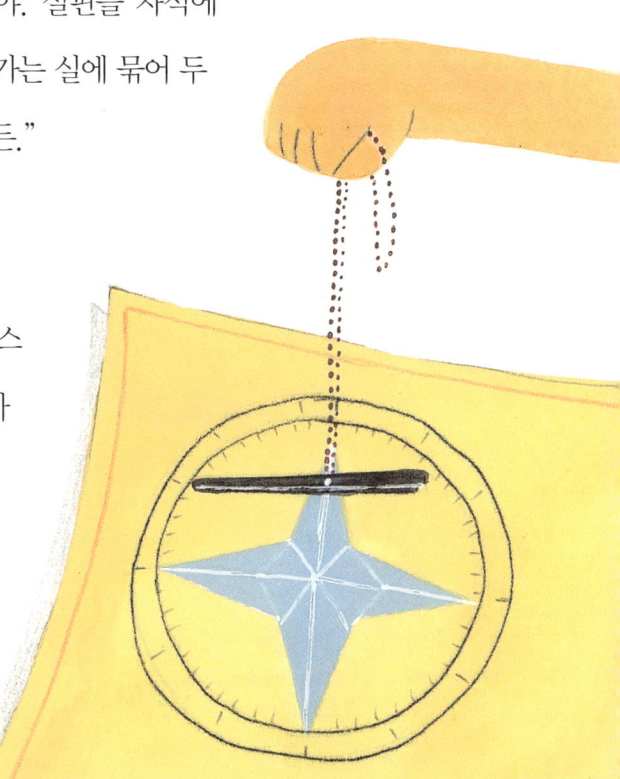

이 멈추기를 기다렸다.

"리아야, 안내도에 나온 방위도의 남북을 실핀에 맞춰 봐."

실핀이 멈추자 준수가 안내도를 실핀 아래에 펼치라고 했다. 리아는 준수의 말대로 안내도를 폈다. 그러자 캠핑장이 있는 동쪽이 어느 방향인지 알 수 있었다.

"좋아, 대성공이야!"

"대성공? 정말?"

준수는 한결 안심이 된 얼굴이었다. 여러 갈래 길을 두고 어디로 가야 할지를 고민했는데 나침반이 해답을 찾아 주었다. 준수는 리아의 손을 잡고 실핀 나침반이 알려 준 방향으로 향했다. 리아와 준수는 이제 의심하지 않고 긴 숲길을 걸어갔다. 그때 저 멀리서 사람들의 목소리가 들려왔다.

"박리아! 김준수!"

그것은 리아와 준수를 찾는 친구들과 선생님의 목소리였다.

"준수야, 우리가 제대로 왔나 봐!"

리아는 덥석 준수의 손을 잡으며 기뻐했다.

"그래, 우리를 찾는 소리야. 어서 가자!"

리아와 준수는 더 힘을 내서 소리가 나는 쪽으로 뛰어갔다. 리아는 손에 쥐고 있던 실핀과 목걸이 끈을 주머니에 찔러 넣고 더 힘차게 뛰었다. 리아의 기분은 날아갈 듯 좋았다. 어려운 상황을 직접 헤쳐 나온 것이 대단하게 느껴졌다. 리아는 과학 원리를 떠올려 만든 실핀 나침반을 자신의 보물 상자에 넣어 두리라 생각했다. 과학도, 준수도 정말이지 모두 대단해 보였다.

어느새 캠프 마지막 날이 되었다. 숲에서 길까지 잃었던 리아는 이번 캠프가 정말 색다른 시간이었다. 그래서일까? 리아는 캠프가 끝나가는 것이 무척 아쉬웠다. 한편으로는 그토록 오기 싫었던 캠프였는데, 아쉬운 마음이 드는 것이 놀랍기도 했다. 리아는 고개를 돌려 준수를 찾았다. 준수가 아니었다면 아직도 숲에서 길을 헤매고 있었을 것이다. 그건 생각만 해도 아찔하다. 저쪽에 서 있는 준수가 보였다. 리아가 준수에게 고맙다는 말을 하려는 찰나, 수업이 시작되었다.

캠프의 마지막 수업은 메추리 알을 부화하는 것이었다. 선생님은 작은 메추리 알을 들고 이야기했다.

"알은 그냥 딱딱해 보이지요. 하지만 이 알 껍데기에도 숨 쉴 구멍이 있어요. 그래서 나중에 메추리가 알에서 부화하게 되는 거예요."

 딱딱한 껍질조차 메추리로 자라나기 위해 꼭 필요한 것이라니. 리아는 부화기 속 메추리 알을 자세히 들여다보았다. 그동안 메추리 알은 그냥 장조림 반찬으로만 알고 있었는데, 부화기 속에 들어 있는 메추리 알은 좀 달라 보였다. 그 안에서 작은 새가 태어나기 위한 준비를 열심히 하고 있는 것 같았다. 선생님은 우주선처럼 생긴 부화기와 작은 메추리 알을 세 개씩 나눠 주셨다. 리아는 캠프장에서 만났던 작은 새가 떠올랐다.

 '이 메추리 알을 부화시키면 그 작은 새처럼 새가 태어나는 거겠지?'

 리아는 두 손으로 메추리 알을 소중하게 감쌌다. 이번에는 꼭 메추리를 잘 태어나게 도와 줘야겠다는 생각이 들었다. 파란만장했던 리아의 첫 캠프는 그렇게 끝이 났다.

과학, 그건 사랑이었어

집에 돌아온 리아는 곧바로 부화기에 메추리 알을 넣었다. 부화기에 물을 부어 습도를 맞추고, 전구를 켜서 따뜻하게 만들었다. 리아는 하루도 빠짐없이 부화기를 들여다보았다. 하지만 메추리 알은 좀처럼 변화가 없었다.

"승현아, 네 메추리 알은 어때?"

"어떻긴 잘 있지."

"아직 부화되지 않았지?"

"아직 이틀밖에 지나지 않았잖아. 선생님이 3일 정도 지나야 부화할 거라고 하셨어. 벌써 까먹었냐?"

"아니, 그건 아는데 좀 불안해서."

"엥? 너답지 않게 왜 이렇게 열심이야?"

승현이가 마치 의사가 환자를 진찰하듯 리아를 유심히 쳐다봤다.

"왜 또 장난이야. 남은 걱정된다니까."

"너 가끔 메추리 알은 움직여 주냐?"

"메추리 알을 움직여 주냐고?"

"너무 한쪽만 열을 받지 않게 조금씩 위치를 바꿔 주는 거지."

"정말? 난 왜 그걸 몰랐지?"

"과학 시간에 놀았나 보지."

"뭐어? 어떡하지? 이제부터라도 해야겠다."

"쯧쯧, 왜 그걸 모르냐?"

승현이는 리아가 어쩔 줄 몰라 하는 것이 재미있어서 혀까지 차며 놀려 주었다. 하지만 리아는 그런 승현이에게 예전처럼 눈을 흘기지 않았다. 그럴 정신이 없었다. 리아는 혹시라도 자기 실수로 메추리 알이 부화하지 않을까 걱정되었다.

다음 날, 교실은 아침부터 소란스러웠다. 승현이가 자신의 메추리 알이 부화했다며, 부화되는 장면을 휴대폰 동영상으로 담아 온 것이다. 아이들은 그 모습을 서로 보겠다며 달려들었다. 승현이는 아이들의 뜨거운 반응에 신이 나서 떠들어 댔다.

"이게 모두 내 새끼들이야. 내가 키웠잖아. 하하!"

신이 난 승현이의 모습을 보자 리아는 자신의 메추리 알이 더욱 걱정이 되었다.

그런데 그날 밤 리아의 메추리 알이 조금씩 흔들리기 시작했다.

"엄마, 이것 좀 봐. 흔들려. 그치?"

"가만, 가만있어 봐."

"엄마, 누나 말이 맞아. 정말 흔들려."

부화기 앞에 리아, 엄마, 태오가 나란히 엎드렸다. 세 사람은 메추리가 부화하기를 간절히 기다렸다. 하지만 그날 밤 메추리 알이 흔들리기만 할 뿐 메추리는 나오지 않았다.

다음 날 오후가 되자, 리아는 이대로 메추리 알을 보고만 있을 수 없었다. 탐험반 수업이 없는 금요일이지만 리아는 탐험반 교실로 부화기를 들고 뛰어갔다. 교실에는 선생님은 물론 준수까지 있었다. 두 사람은 어디론가 함께 가는지 교실 문을 닫을 준비를 하고 있었다.

"선생님, 제 메추리 알 좀 봐주세요. 부화할 때가 지났는데 나오지 않아요. 어제는 나올 듯이 흔들렸는데……."

리아는 속사포처럼 제 할 말만 늘어놓았다.

"저런, 리아야. 우리가 지금 나가야 하는데."

"선생님, 제발요."

리아의 간절한 부탁에 선생님은 다시 의자에 앉더니 조심스럽게 메추리 알을 까 보았다. 알 속에는 이미 메추리로 자란 메추리가 그대로 죽어 있었다.

"어머, 어떡해!"

그 모습을 보고 리아가 소리쳤다.

"이런, 알이 흔들렸을 때 껍질을 살짝 깨 줬으면 좋았을 걸 그랬구나."

선생님도 안타까워하며 말씀하셨다. 리아는 메추리를 더는 볼 수 없었다. 리아는 서둘러 인사를 하고 탐험반 교실을 나왔다. 집으로 돌아오는 내내 리아의 눈에서는 눈물이 주르륵 흘러나왔다.

'내가 잘못했기 때문이야. 내가 과학 수업을 더 열심히 들었다

면 메추리를 살렸을지도 몰라.'

리아는 '알을 살짝 깨 줬으면 좋았겠다'는 선생님 말씀이 자꾸 떠올랐다. 그럴수록 괴로운 마음이 들었다. 지난번 화초를 시들게 했던 일까지 한꺼번에 떠올랐다. 식물도, 동물도, 과학 수업만 제대로 들었다면 살릴 수 있었을 텐데. 모두 자신이 과학을 싫어한다는 이유로 외면해서 살리지 못했다는 생각이 들었다.

'늘 당연하게 태어나고 자란다고 생각했는데. 관심을 가지고 관찰하니까 모두 살기 위해 애쓰는 생명이었어. 난 왜 이제야 그걸 알았을까?'

리아는 지난번 캠프에서 재연이가 했던 말도 생각났다.

'수백 년 전 사람이 찾았던 진리를 내가 지금 찾고 있는 것이 신기해.'

그때 과학의 소중함을 알았더라면 얼마나 좋았을까. 그랬다면 메추리가 잘 태어나게 도와 줄 수 있었을 텐데. 하지만 후회해도 이미 소용이 없었다. 리아는 눈물을 흘리며 걸어가고 있었다. 그때 리아를 부르는 소리가 들렸다.

"리아야, 잠깐만!"

준수가 달려오며 소리쳤다. 리아는 준수에게 울었다는 걸 들키기 싫어 서둘러 눈물을 훔쳤다. 준수는 급하게 달려오느라 숨을 헉헉 내쉬며 말했다.

"리아야, 너무 슬퍼하지 마. 이렇게 부화하지 못하는 메추리는 아주 많아. 내 메추리는 한쪽 다리를 저는 장애를 가지고 부

화했는걸."

"그래도 네 메추리는 살았잖아!"

리아는 다시 눈물이 날 것 같아서 일부러 쏘아붙이듯 말했다.

"그렇긴 한데, 내 말은 네 잘못이 아니라고."

"알았어. 위로해 줘서 고마워."

리아는 눈가의 눈물을 닦고 힘주어 말했다.

"나도 이제부터는 과학 공부를 열심히 해서 뭐든 잘 키워 낼 거야."

당찬 리아의 모습에 준수는 미소를 지었다.

"그래. 과학을 공부하면 내 주변의 것들을 더 현명하게 돌볼 수 있어. 흔하고 사소한 물건들조차 다 나름의 성질이 있으니까. 주변에 더 관심도 생기고."

"맞아. 이제는 나도 길가에 핀 꽃을 보면 이름은 뭘까 곰곰이

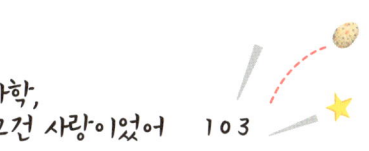

생각하게 돼."

"응. 게다가 탐험반 활동은 정말 재미있어. 실험해 보면 정말 놀라운 사실을 많이 알게 되거든. 이번 캠프도 즐거웠고."

리아는 고개를 끄덕였다. 그러고 보면 지난번 태오의 치아를 탄산음료에 담았던 것도 어엿한 실험이었다. 그걸 가지고 태오랑 얼마나 깔깔거리며 놀았는지 모른다. 리아는 중얼거렸다.

"왜 예전에는 그 재미를 몰랐지?"

"아마 과학은 무조건 어렵다고 생각해서 그런 게 아닐까?"

"맞아. 과학 책만 봐도 지루하다고 생각했어. 아 참, 그런데 너 아까 선생님이랑 어디 가던 길 아니었어?"

"응, 버려진 동물 보호소에 자원봉사를 하러 가."

"버려진 동물? 유기견 같은 거 말이야? 그런 것도 자원 봉사를 해?"

"그럼 당연하지. 사람들이 키우다 싫어지면 함부로 버려서, 길에서 다치고 죽는 강아지랑 고양이들이 아주 많아. 그 동물들도 다 생명이 있는 건데 누군가 돌봐야 하잖아."

준수는 의젓하게 말했다. 리아는 그런 준수의 마음이 멋지다는 생각을 했다. 일부러 겉모습을 예쁘게 치장하지 않아도 준수는 정말 예쁘고 멋있어 보였다.

"준수야, 너는 과학을 잘해서 주변에 관심이 많은 거니, 아니면 주변에 관심이 많아서 과학을 잘하는 거니?"

"뭐?"

준수는 갑작스런 리아의 질문에 어리둥절한 표정을 지었다.

"넌 과학을 참 잘하는데 그만큼 주변 사람에게도 잘하고, 동물이랑 식물들도 잘 돌보는 것 같아. 과학 공부를 하면 너처럼 사랑이 많아져?"

"그냥 더 관심이 많은 것뿐이야."

준수는 리아의 칭찬에 쑥스러워서 머리를 긁적였다. 리아는 빙긋 웃으며 말했다.

"난 이제 괜찮으니까 어서 가 봐. 강아지를 한 마리라도 더 돌봐야지."

준수는 고개를 끄덕이고는 리아에게 손을 흔들고 반대편으로 뛰어갔다. 리아는 준수를 보내고 집으로 돌아갔다. 리아도 이제부터 과학을 열심히 배워서 준수처럼 더 많은 사랑을 표현하고 싶었다.

"엄마, 나 탐험반에 보내 주고, 과학 캠프에 보내 줘서 정말

고마워요."

"우리 예쁜 딸이 오늘따라 말을 왜 이렇게 예쁘게 할까?"

"엄마는 참! 내가 언제는 밉게 말했어?"

"아니, 더 예쁘게 말해서."

"엄마, 사랑해."

리아는 아주 작은 소리로 이야기하고 엄마 품에 안겼다. 메추리를 떠나보낸 것은 너무 슬펐지만 리아의 가슴에는 사랑이 더 가득해진 것 같았다.

리아의 기똥찬 과학 공부 생활 수칙

'과학은 스트레스 덩어리'라며 울상 짓던 리아는 이제 과학 시간이 즐겁다고 합니다. 어렵기만 하던 과학의 껍질을 하나씩 벗겨 내니 흥미롭고 재미있는 내용이 매우 많았거든요. 그 덕분에 과학 성적도 많이 올랐다고 하는데요. 리아는 어떻게 과학 공부를 하고 있는 걸까요? 초등학교에서 아이들을 가르치고 계시는 김명수 선생님이 리아에게도, 여러분에게도, 과학 공부 방법을 알려 주셨어요.

1. 매일매일 책 읽기

 책 읽기는 아무리 강조해도 부족하지 않습니다. 책 읽기를 통해 얻을 수 있는 지식은 매우 많은데 그중 과학도 포함됩니다. 특히 과학과 관련된 책이라면 더 말할 것도 없겠지요. 잘 고른 과학 도서 한 권은 교과서에는 다루지 않았던 재미있는 이야기와 사진 등이 가득해 호기심을 자아내지요. 덕분에 교과서 못지 않은 과학 공부의 길잡이가 되어 줍니다. 과학 공부를 더 쉽고 재미있게 하고 싶다면, 매일매일 책 읽기를 해 보세요. 특히 과학 도서를 말이지요.

2. 생활 곳곳에 숨어 있는 과학 찾기

 간혹 과학 공부는 생활에 별로 도움이 되지 않는다고 여길 때가 있습니다. 흥미로운 실험조차 실험실에서만 일어나는 일이라고 생각하기 쉽습니다. 과학은 과학자들만 파고드는 학문이라고 여기는 것이지요. 하지만 과학은 우리 생활 곳곳에서 쓰인답니다. 예를 들어 볼까요? 물통에 물을 얼리는 것에서 물질의 상태 변화를 볼 수 있고, 자석을 가지고 놀면서 자기력을 익힐

수 있지요. 과학을 지겨운 공부로만 여기지 말고 생활과 연결하여 생각해 보세요. 과학이 더 쉽고 가까워질 거예요.

3. 재미있는 실험 놀이

과학 공부를 하라고 하면 과학책이나 참고서만 보는데 실험 과정을 따라해 보는 것이 좋습니다. 이렇게 실험을 하는 이유는 과학 원리를 더 쉽게 이해하기 위해서입니다. 책으로만 보았던 내용을 실제로 눈으로 확인하고, 체험한다면 더 많은 흥미와 관심이 생기게 됩니다. 뿐만 아니라 어렵게만 느껴졌던 과학 원리도 더 쉽게 이해할 수 있습니다. 실험을 하게 되면 억지로 외워서 공부할 필요도 없어지지요. 자, 이제부터 실험을 적극적으로 해 보세요. 과학 공부 시간이 훨씬 즐겁고 흥미로워질 거예요. 물론! 안전을 생각해서 미리 실험 준비를 해 놓은 다음에 말이지요.

4. 과학 용어와 실험 기구 익히기

과학은 원리를 이해하는 것이 중요하지만 반드시 알아 둬야 할 용어와 기구가 몇 가지 있습니다. 이런 용어와 기구는 우리가 실제로 흔히 사용하는 것이 아니어서 매우 낯설 수 있습니다. 그래서 이런 용어와 기구는 반드시 공부해 두어야 합니다. 제대로만 익혀 둔다면 앞으로 펼쳐질 과학 공부가 훨씬 수월하게 느껴질 것입니다.

과학 용어는 한자로 된 것이 많은데, 한자의 뜻을 풀어 보면 그 뜻을 쉽게 알 수 있습니다. 예컨대 수증기(水蒸氣)라고 하면 물이 증발하여 기체가 된 것을 말합니다. 이런 식으로 한자의 뜻을 통해 용어를 익혀 보세요. 그리고 비커, 스포이트, 메스실린더 등의 기구의 모양과 쓰임, 이름은 그림을 통해서 익혀 두는 것이 좋습니다.

5. 마인드맵으로 분류 지도 만들기

과학에는 물질을 분류하는 내용이 많이 있습니다. 동식물을 특징과 성질에 따라 분류하는 것입니다. 이런 분류를 통해 과학 지식은 체계적으로 정리되기 때문이지요. 하지만 분류하다 보면 이게 어떤 성질이고, 물질이었는지 헷갈릴 때가 자주 있습니다. 그럴 때는 물질의 관계와 특징을 마인드맵으로 정리해 두세요.

마인드맵을 만들면 어렵고 복잡하게만 느껴졌던 분류들이 한눈에 들어옵니다. 일종의 분류 지도라고 생각해도 좋겠네요. 또한 마인드맵을 만들면서 머릿속에는 저절로 내용이 정리됩니다.

나중에 다시 공부할 때는 미리 만들어 둔 마인드맵을 보면 아주 좋은 참고 자료가 될 것입니다.

6. 무조건 외우지 말고, 이해하기

과학 공부를 하면서 무조건 외우려고 하면 더 과학 공부를 하기 싫어집니다. 예를 들어 달 모양의 변화를 공부할 때 그 변화를 그냥 외우려고 하면 헷갈리기 쉽고, 시험 볼 때 문제 유형을 조금만 바꿔도 정답을 찾기 어려워지지요. 무조건 외우기보다는 과학 원리를 이해하는 것이 무엇보다 중요합니다. 달과 지구, 태양 사이의 관계를 이해하고 어떻게 움직이는지 실제 모형으로 이해해 봅시다. 이해하게 되면 자연스럽게 머릿속에 기억으로 남게 됩니다. 꼭 명심하세요! 과학 공부는 암기 공부가 아닙니다. 무조건 외우지 말고 '왜 그럴까'를 곰곰이 생각해 봅시다.

7. 과학 다큐멘터리 즐겨 보기

요즘에는 텔레비전에서 과학 다큐멘터리를 많이 방송해 줍니다. 생생한 화면으로 과학 현상을 보는 것은 과학을 이해하는 데 큰 도움이 됩니다. 실제 동물들의 생태라든가 기후 변화 등에 대한 다큐멘터리들은 교과서에 나오는 과학 내용과 밀접한 관계가 있지요. 독서 말고 뭔가 다른 공부를 하고 싶을 때는 과학 다큐멘터리를 보세요. 영상물을 보고 즐기는 동안 저절로 과학을 공부하게 될 겁니다.

김명수 선생님은 경인교육대학을 졸업하시고, 현재 초등학교에서 아이들을 가르치고 계십니다.